20歳からはじめる女性の「幸せキャリア」のつくり方

響城れい 著

セルバ出版

はじめに

覚えていますか？　今朝はどんな気分で目覚めましたか？


今日中に仕上げなければならない仕事があるけれど、難しそう。うまくいくかな。

仕事の段取りに悩みながら手帳を見ると、今夜は久しぶりの飲み会。

先月買ったまま着る機会がなかった新しい服を思い切って着てみよう。

今夜はインスタ映えすると評判のオシャレなお店だから、いいことありそう。

ようやく元気が出てきたみたい。

ＳＮＳに友達はたくさんいるけれど、結婚を考えるほどの人はいない。

仕事はおもしろくなってきたけれど、バリバリの「管理職」になるのはちょっと…。

結婚はしたけれど、いつ子どもを産めるのか、まるで予定が立たない。

何となく「このままでいいのかなぁ」と不安になることがありませんか？

そうだとしたらきっと、あなたの中の「情熱」が出口を求めてさまよっているのかもしれません。

50歳で独立し、「掃除で日本を変える」と本気で走り続けている私。

子どもが0歳で再就職をしたばかりのときは、まさに「これでいいのか」のまっただ中…。

そんな私に、当時の社長（15歳年上の女性）は毎日強烈な「追い風」を吹かせ続けてくれました。

「働くとは、誇りを持って生きること。女性も住宅ローンでも抱えて、辞めない覚悟を決めよう」

「誰に何を言われても、迷ったら負け。あなたの人生に責任を持つのは、あなたしかいないよ」

「子育てにのめり込んだら、子どもを追い詰めるだけ。子どものためにこそ、あなたは自分の人生に挑戦し続ける責任があるの」

「キャリア」というのは、肩書きや数字や実績だけではありません。

若さゆえの不安から生まれる迷いや悩みを1つずつ吹き飛ばす、その歴史です。

私が20年もの時間をかけて築いたのは「私はこれでいい」という自信。

「何があっても大丈夫。絶対に私は解決できる」という信頼。そして幸せな毎日です。

今度は、私が「追い風」を吹かせる番。

力いっぱい、心から応援しています。

若いあなたが「情熱」を形にして、幸せなキャリアを築きますように。

平成29年12月

響城　れい

20歳から始める女性の「幸せキャリア」のつくり方　目次

第2章　誰も教えてくれなかった働く女子の恋・結婚・育児

第3章　幸せキャリアのための黄金法則

第4章　やりたい仕事をやるための戦略的コミュニケーション

第5章　輝くパワーを生み出す「自分の伝え方」

第6章　家事はやめてしまっても大丈夫

第7章　ご機嫌お掃除・片づけ術

第8章　人生いろいろ「こんなとき、どうする？」

おわりに

第1章　女子の立ち位置と人生戦略

「女子の人生」○×クイズ

① 管理職になって数字をバンバン挙げるようになったら、幸せになる。

「×」

あなたのご両親は、こう言うかもしれません「頑張って成功したら、きっと幸せになるよ」。残念ながら、数字や肩書きでの「成功」は賞味期限が短いので、かえって不安をかき立てることもあります。

これからは「幸せな人が成功を手にする」時代。「歯を食いしばる」より「ご機嫌」なイメージで。

② 落ち込んでなんかいられないから、落ち込まないように努力する。

「×」

誰にでも好不調の波はあります。「落ち込まないようにしよう」と頑張ると、少しでも落ち込んだ自分を許せないという新たなストレスを生み出してしまいます。「落ち込んでもすぐに回復できる」ほうが健康的です。

③ 嵐のコンサートで盛り上がった翌日は、寝不足でも仕事ははかどる。

「○」

ご機嫌なとき、人は思いがけない力を発揮します。できなかったことができたり、人に優しくなれたり。上司の世代には、趣味を持たない仕事人間も生息していますが、「大好きなもの」「はまるもの」を持っていることは、仕事の能力アップにもつながります。

④　私が「無意識」でいる時間は９割以上である。

「○」

しかも、無意識でいるときはエネルギーがマイナスになりやすいという衝撃の事実!!　不機嫌な顔になったり、あれもこれも心配になったり。いつも最高の自分でいるために、意図的に自分をいい状態に持っていけるような習慣をつけましょう。

⑤　ちゃんとした会社には、「セクハラ」「パワハラ」「マタ（マタニティ）ハラ」は絶対にない。

「×」

競争社会である以上、残念ながらあります。

実は、男女、国籍、中途採用など多様化するにつれて「ハラ」の数は増え続けています。もちろん、あってはならないことですが、自分を大切にしながら上手に対応していくほうがあなたの道は広がっていきます。

ハウスクリーニングサービス20年で考えた「幸せとは何か？」

成功した境遇と幸せは同じものか

私は20歳から50歳まで、ハウスクリーニングで３０００件以上のお宅を訪問しました。外の戦闘服を脱いで化粧を落としたお客様から、ふとした折りに悩みを聞くことが多くあります。そして感じたことがあります。

「人生の『成功した境遇』と『幸せ』は同じものだろうか」

※　特定の方ではありません。いくつかの事例を合成したフィクションです。

例１／高級住宅街で有名幼稚園の子どもの子育て中

夫は実業家。素敵なインテリアにおやつも手づくり。掃除の後、子どもが泥んこで元気に帰ってきたら…「こら!!　汚いでしょっ」とお尻ペンペン。子どもはビックリして大泣き。「育児で仕事を辞めたのに、思い通りにならない。明日はお誕生会だから、準備が大変でついイライラ…」。

例２／タワーマンションを手に入れた若手女性キャリア

子どもが一歳ですばらしい眺望のマンションに引っ越した直後から、雑誌の特集で「高層階は子育てに向かない？」という記事が出始め、不安でたまらなくなります。

「仕事も子どもも、欲しいものを次々と手に入れて、その都度達成感はあるけれど、いつになったらホッとできるんでしょうか。」

例３／代々続く格式の高い古い家に嫁いで夫に先立たれた70歳

１区画すべてを占める大きなお屋敷の庭の真ん中にある「○○区保存林」と書いた立派な松の木をほめたとき。「この木、邪魔なのに指定されたから切れないの。家の中の汚いものも、小姑が捨てない。風呂場は古くて凍えそうだけど、体調が悪くて改造を考えるのも面倒。相続税も心配…」

例４／３匹の猫と暮らすバリバリの女性管理職

雑誌でも紹介される、颯爽とした女性部長。家の中は洋服、バッグ、靴、書類で窓も開かず、足の踏み場もないほど。猫は目ヤニだらけ。「『女性初』だから、社内の風当たりが強くて。少しでも油断すると引きずり下ろされそうで、気が抜けないの。寝る時間がないし、眠れないし…」

例５／「夫の陰に彼女あり」と言われた上場企業の社長夫人

全４階。グランドピアノが３台、パーティールームもある大邸宅。ご就任時、受賞時、時節には胡蝶蘭や贈り物があふれ返ります。「毎回、本当に面倒。お礼状にお返し。私宛のものじゃないのにね。いつ大切な来客があるかわからないのも、疲れてきちゃった」

私は掃除屋。マッチ売りの少女で言うと、窓の「外側」。その私に、「内側」にいるはずの彼女たちが、時に不機嫌そうなタメ息とともにこう言うのです。

「あなた、楽しそうでいいわね」

たった1つ考えること「ご機嫌」か「不機嫌」か

どんなときも最高の自分でいよう

「なりたい自分」と聞かれたら、あなたはどんな自分を想像しますか。

あの人は仕事ができると一目置かれること？　管理職になってバリバリやること？

素敵な彼と高級レストランでシャンパンをあけること？　友人がうらやむ結婚をすること？

大きな家に住み、時には夫婦でパーティーに行くこと？

スペックやタイトルを目標にすると、実は心身にさまざまなひずみが出てきます。

仕事で頑張り過ぎて体調を崩したり、彼の不機嫌に怯えたり、住宅ローンが払えなくなったり…。

注目するのは、スペックではなく「自分のマインド」。「ご機嫌か？　不機嫌か？」です。

どんなことが起きても、どんなときでもワクワクと最高の自分を発揮することができる。

才能（「仕事」に限りません）を活かして輝き（「収入」に限りません）、回りの人にも力を与える。

そんな幸せで力強い人生を送ることができたら、と思いませんか。

悩みは続くよ、どこまでも

女性の人生には輝かしい選択肢が増えましたが、だからこそ悩みは幅広く、しかも深刻です。

・この会社で仕事を続けて展望があるの？　転職すべきか？　それはいつ？
・働きながら出産、育児はできる？
・どうやったらいい子に育つのか？　いじめられないためにはどうすれば？
・子育ては祖父母に協力してもらっているが、教育方針が違う。義母にどう言えばいい？
・いつまでも若々しく美しくいるための食事法は？　健康法は？　美容法は？
・収入が増えない中での賢い買い物の仕方は？　教育資金、老後資金、どれくらい必要？
１つ解決しても、また続々と綱渡り。いつもどんよりと悩みの中。運が悪いなあ…。

では、輝いて見える人の人生には、ラッキーなことばかり起こっているのでしょうか？

いいえ。出来事を「悩み」から「チャンス」「楽しみ」に換える力を持っているのです。

分かれ道のポイントは

どんな人にも好不調の波があり、①「高揚＝ご機嫌＝プラス」と同様に②「落ち込み＝不機嫌＝マイナス」は定期的にやってきます。落ち込まないようにするなんて、無理。
①は、頑張らなくてもうまくいきます。問題は、②のとき。ここでグッと力を出して快復できるかどうかが人生の分かれ道です。
悩みの解決に翻弄されていないで、日頃からいまの自分が「ご機嫌」なのか、「不機嫌」なのか、まずはしっかり「感じる」ことから始めてみましょう。

「ご機嫌」の状態と「不機嫌」の状態

あなたはどちら

「ご機嫌」と「不機嫌」の力を詳しく見ていきましょう。いまのあなたはどちらでしょうか？

ご機嫌とは

【思い】安心　喜び　楽しい　愉快　ワクワク　可愛い　うれしい　優しい　あたたかい　思いやり

【イメージ】加点評価　世界　希望　進歩　成長　誇らしさ　自信　満足　勇気　可能性
自主　信頼　一体感　平穏　慈愛　自由　分相応

【影響】・前向きな気持ち、やる気がある
・さえている（ひらめく、創る、表現する、記憶力、考え方が柔軟）
・できる（難しい課題、決断、苦手だったことやできなかったこと、諦めない）
・体調がよい、身体が軽い

【行為】あいさつ　笑顔　傾聴　励まし　応援　譲る　ほめる　承認　許し　受容　尊敬　謙虚

不機嫌とは

【思い】不安　おそれ　心配　我慢（忍耐）悲しみ　さびしさ　怒り　憎しみ　むなしさ
　イライラ　みじめさ
【イメージ】減点評価　自分　絶望　嫉妬　他人との比較　停滞　葛藤　不和　孤独　束縛　欠如
　無価値　無力　劣等感　悔しさ　自己嫌悪　被害者意識　評価されていない　義務
【影響】・後ろ向きな気持ち、おっくう、やる気が出ない
・にぶっている（人と関わる、論理的に考える、面倒くさい）
・できない（いつもやっていること、決断、根気が続かない）
・体調がすぐれない、免疫力が低下
【行為】無視　無表情　陰口　いじめ　嫌み　禁止　批判　拒否　うらみ　バカにする　卑下

人生のほとんどは不機嫌？

人は危険に備えるため、本能的に不機嫌であるといわれています。

「見られている」ことを意識しないでいると、不機嫌になりやすいということです。

楽しいパーティーだったのに、偶然写っている自分は「への字口」でひどい老け顔…。

必死で企画書を書いているときに上司に呼ばれて「はいっ？」と振り向いたらギョッとされた…。

では、私たちが無意識でいる時間はどのくらいか？　なんと、90〜95％なのだそうです。

最高の自分を発揮するには、自分を意図的にご機嫌にすることにチャレンジしてみましょう。

私の「不機嫌」と「ご機嫌」の歴史

「ご機嫌」探し

「落ち込む、悩むということはありますか？」「落ち込んでもすぐ復活、自然に力が湧いてきます」最近、講演会の質疑応答の時間にこんな問答をすることが多くなりました。

50代後半のいま、私はいつも「ご機嫌」で「幸せ」です。小さな事件は毎日起きますが、他人の対応に腹を立てることも、不安でイライラすることもありません。「この人は社長だから特別。私には無理」と思うかもしれませんが、私にも迷い続けた長い「不機嫌の歴史」があります。

私のご機嫌探しの3ステップです。

ステップ1・結婚

過保護な父と母から独立したかった私は、寿退社第一号の栄誉とともに大好きな人と結婚しました。半年後、幸せなはずなのに、夫にお金をもらって買い物をしながら「何か違う」と思い始めます。依存の対象が両親から夫に換わっただけで、自立していなかったからなのでしょう。

ステップ2・再就職

不機嫌を振り払うように、子どもが0歳のときに再就職しました。夫には事後報告。念願の自分の収入を手にして、清々しい気分。COOの肩書き、新聞やテレビ出演のチャンスももらい、「同級生のパート主婦の一歩先を行く、カッコいい自分」に満足していました。

一方で、絶対的に信頼し、強烈な影響を受けた社長の顔色ばかり見ている自分に気づきます。

ステップ３・独立

違うという思いに我慢ができなくなって、会社を辞めました。この話をすると、多くの人は「社長の能力を超えたからですね」と言いますが、能力ではありません。失業覚悟で辞めて初めての仕事をした後「自分の判断で生きることで自分はご機嫌になる」と初めて気づいたのです。

ご機嫌な生き方ができれば必ず誰かの役に立つ

「不機嫌」だったときは、必死にもがきながらも、考えていたのは自分のことばかり。それなりにうまくいっているようでも、何かやるぞという意欲と独立心は空回りしていました。50歳で独立し、やっと「社会の中で自分が果たすべきこと」が明確に見えるようになりました。掃除を通して「上の世代の方を元気づけること」、そして「次の世代の希望となること」。大きなビジョンがあるから、失敗しても絶対にうまくいくと確信して次に進むことができます。

「誰かの役に立っている」という手応えと誇らしさをようやく感じ始めたところです。若いあなたが「仕事のやりがい」や「意味」を求めても、おそらく答えは出ません。場所を換えても（転職）同じです。まずは毎日の小さな決断の際に、「いま自分はワクワクしているか？」と問い続け、ご機嫌な人になりましょう。「やりがいや意味」は、その先に必ずあります。

ネットサーフィンをしてはいけない理由

いつも「ご機嫌な自分」でいるコツ

「無意識だと、人は不機嫌になる」「90〜95%の時間は無意識である」でしたね。

しかもご機嫌はテフロン加工のように簡単に落ちるのに、不機嫌は粘着質で持久力抜群。

では、その前提で自分を意図的によい状態にするにはどうしたらいいでしょうか。

【治療】不機嫌になったと気づいたら、すぐに切り替える。

笑顔をつくる、歩く、飛ぶ、拍手する、瞬きを繰り返すなど、身体を大きく動かしてみます。

【予防】ご機嫌でいられる習慣をつくる
「自分はご機嫌な人」と決めること。無意識の「不機嫌」な言動が「ご機嫌」に変わります。

ネットには「不機嫌」があふれている

気が乗らない仕事のとき。ネットで情報収集をしていると、ついつい止まらなくなることがありませんか？　事件、犯人の心理分析、事故、離婚、不倫、トラブル、有名人へのバッシング、匿名の誹謗、中傷…。面白いので読み進むと、実はそのまま不機嫌まっしぐらです。

ネットには「不安をあおる」というキケンな側面もあります。

「掃除」の例を挙げましょう。

多くの人が検索するのは、「やり方」。「どんな洗剤を使う？」「どんな道具がある？」「どちらが正しい？」「キッチンのやり方は？」「換気扇は？」「窓ガラスは？」「カビは？」「ダニは？」「花粉は？」…。

個々には詳しく応えてくれる反面、膨大な情報を前にすると「やらなきゃ大変」「やらないと主婦失格」など絶望的な気分になるといいます。手軽な方法を探していたはずが「結局迷って何もできないのに、不安ばかりが増殖する」という深刻な悩みが生まれます。

たかが掃除だけでもこの状態。楽しいはずの子育ても、子どもの教育も、あなたの生き方までもが不安と心配という「不機嫌」に覆われてパワーダウンしてしまう。「ご機嫌な人」は、それを知っているので、ネットに深入りせずに上手に利用しているのです。

不機嫌でいると、不機嫌な人が寄ってくる

リアルの世界でも、実は同じです。

あなたが「不機嫌」でいたり、「不機嫌な人」に見えたりすると、不機嫌な人が寄ってきます。

悪口や批判・嫉妬、会社への不満、店員へのクレーム、将来の不安、挑戦を引き止めるなど。

こんな人に囲まれていては、あなたのパワーは知らない間にどんどん低下…。

「意図的にご機嫌でいる」ことは、あなたの人生にとってとても大切なことなのです。

仕事の収支決算（バランスシート）

女性社員は入社2年目で意欲激減!?

就活生のころ、あなたはまっすぐ前を見つめて「志望の動機」「希望職種」などを書き込んでいたことでしょう。内定をもらったときは「やった」と叫んだかもしれませんね。

さて、今はどうですか？　あのころの気持ち、続いていますか？　朝起きて「今日もやるぞ」とワクワクしていますか？

国立女性教育会館の調査によると、新入社員で「管理職になりたい」と考えていた女性のうち、2年目も同様の選択をする女性は39・8％。実に、6割減。待遇、教育訓練の機会、相談できる同僚や仲間、上司に対する満足度も下がっています（2016年「男女の初期キャリア形成と活躍推進に関する調査」）。

もちろん、環境や周囲の意識に問題がある場合もあります。でも、せっかく長い時間を過ごす仕事、何とかハッピーにしたいもの。今一度、プラス面とマイナス面を見直してみませんか。

あなたが働くことで生まれる「プラス」と「マイナス」

【プラス】

定期期な収入、社会保険料を会社が負担してくれる、規則正しい生活リズム、心身の健康、誇らしい気持ち、年齢や技能がさまざまな人と知り合えるチャンス、新しいことを学べる、達成感、時間管理ができる、社会に貢献している満足感、やるべきことがある責任感、自信、成長、人に会うことでオシャレに気を遣う、趣味が広がる、税金を払う、親を安心させる

【マイナス】

嫌な人とも関わらなければならない面倒、時間の自由がない、休暇がとれない、不規則な生活、やりたいことができない、満員電車での通勤、心身のストレス、無力感、諦めなければならないことが多い、仕事内容と待遇が釣り合わない、忙しすぎて恋もできない、育児も無理

収支決算をプラスにする

仕事に慣れてくると、マイナス面ばかりに目がいくようになります。

たとえば、人間関係がうまくいかないとき。その問題自体はすぐに解決するとは限りません。落ち込む前に、今まで意識していなかったプラス面に目を向けて行動してみましょう。１つひとつではなく、全体でプラスに。

「毎朝行くところがあるって恵まれている。それなら、職場を明るい雰囲気にしてみよう」

「嫌な人もいるけれど、新しい出会いをつくろう」

「小さな力でも、仕事をすることで社会に貢献できている。誇りを持っていこう」

女子の人生は1人7役

女子の人生は大変だ

仕事をする女性、恋人、妻、嫁、母、娘、女性としての生き方。

女子の人生には、肩書きがたくさんあります。求められる言動も実に多彩です。

男性の場合は、肩書きが増えたとしても特別に求められる言動はあまり増えないのに…。

タイトルはたくさん要らない

それぞれの役割には理想像があり、それにふさわしいタイトルがあります。

①仕事ができる女性
・自分の意見をきちんと持ち、人前でも堂々と話す。気配りもできる。
・外国語に堪能で海外に出張し、現地の人との難しい調整をこなす。
・管理職としてたくさんの部下を持ち、尊敬されている。

②可愛い恋人
・一緒に出かけるときは美味しいお弁当をつくる。部屋の掃除をしに訪ねてくる。
・男性が友人に自慢できる容姿や趣味を持っている。

③尽くす妻
・料理上手で家の中をセンス良く飾り、きちんと掃除、整理整頓している。
・夫の衣類や健康を管理し、夫の出張時にはスーツケースの荷造りをする。
④よくできた嫁
・夫の母親の得意料理を聞き、その味つけをマスターする。
・冠婚葬祭の際は率先して手伝うが、出過ぎずさりげなく振る舞う。
⑤賢い母
・母乳で育てる。子どもにいいと言われることは情報を集め、何でもやる。
・子どもの可能性を広げるため、習い事、受験、留学などを研究する努力を惜しまない。
⑥親孝行な娘
・年老いてきた両親と同居して家事一切を担当し、ケアマネとの交渉責任者になる。
・献身的な介護をし、よりよい介護や医療態勢はないか、いつも情報収集を怠らない。
⑦カッコよく輝く女性
・50歳を過ぎても肌がツヤツヤ、髪もきちんと手入れされていて「若い」と言われる。
・おしゃれでハイヒールがよく似合い、高級なものを知っていて颯爽としている。
自分で勝手に期待値を上げ、できない自分を否定して苦しんでしまうことも多いもの。「タイトルは１つでいい」。優秀な人ほど、心に言い聞かせておきましょう。

自分に吹く風の種類と強さを知っておく

「追い風」は遠くて弱い

「女性活躍、女性活用」「2020年までに女性管理職を30％に」「すべての女性が輝く社会づくり」

今のあなたには、確かにこんな追い風が吹いているのですが、残念ながら「身近に感じる」という女性にはあまり出会うことがありません。しかも、時々「凪」になる、「そよ風」程度でしょうか。

一方で、職場でも家庭でも、さまざまな逆風が吹いていて、女性が「自分には能力がない」「できない」と無意識に思い込む原因にもなっています。また、自分で決めたように思っていても、知らない間に摩擦を起こさないように「決めさせられている」こともあります。

だからといって落ち込むことはありません。どんな風が吹いているのかを知っておけば、戦う、避ける、無視するなど、上手に立ち向かうこともできるからです。

ちなみに「逆風発言」をする人は、嫉妬や不安など、その人自身に葛藤がある場合が多いものです。

仕事の場での逆風

一生懸命に仕事をしていても、女性はこんな「逆風」を感じることが多いといいます。

距離が近く、毎日のことだけに、強烈に効いてきます。
「もっと経験のある人はいないの？」（社外）
「え？　子育て中？　よく休むんでしょ。ウチの仕事、大丈夫なの？」（社外）
「組織の論理がまるでわかっていないね」（上司）
「せっかくチャンスを与えても、なぜか積極的に挑戦しない」（上司）
「同僚としては確かに優秀だけど、女性としてはちょっと…」（同僚男性）
「いいなあ、女性は気が楽で…」（同僚男性）
「私たちは残業を断ることができないのに、育児中の人はすぐ帰れていいわね」（同僚女性）

家庭・地域での逆風

「また残業？　ご飯はまだ？　最近、家事手抜きだよね。いい加減にしろよ」（夫）
「オレは育児休暇なんか取れるわけないよ。仕方がないじゃないか」（夫）
「管理職の打診？　君にできるの？　迷惑をかけることになるよ」（管理職になれない夫）
「〇〇ちゃん、いつもママがいなくて寂しいよね〜」（近所の人）
「大事な子どもをあなたのワガママの犠牲にしないでちょうだい」（義母）
「母乳でないと大変、受験しないと大変、英語を習わせないと大変、とにかく大変…」（ママ友）
「2人目はまだ？ひとりっ子じゃさびしいわよね（近所の人）

自分のリスクを知り、チャンスに変えよう

子どもは予定通りにいかないもの

ある女性から、こんな相談を受けました。

「出産後も元の仕事でバリバリやりたいと思って、早々に復帰しました。でも、関わっていたプロジェクトのアシスタント扱いになり、ガッカリ。やる気がなくなって…」

管理職にも挑戦するぞ、という意欲に満ちあふれた女性。本人は体育会系で体力も十分。でも1歳にならない子どもは保育園からの呼び出しもたびたびあり、彼女が休まざるを得ない状況です。

集団生活を始めたばかりの子どもにとって、保育園はさまざまなウィルスなどの感染源。環境が変わった不安もあって、体調を崩すことは珍しいことではありません。いつそうなるか、どの程度の日数続くのかは、まったく予測不可能。

私自身も「明日絶対に会社に行かなければ…」とあせっているときほど子どもの熱がどんどん上がる…というオカルト的な？　経験が何度もあります。

「やる気がある」と「できる」を区別する

出産を理由に本人の望まない配置転換をしたり、降格させたりすることは、いわゆる「マタニティ

・ハラスメント」。労働基準法で禁じられています。

とはいえ彼女の元の仕事は、納期が厳しく、数社の担当者が日程をすり合わせての共同作業も多い仕事。

ミーティングの日に子どもの病気で休むことになっても、突然誰かに代わってもらうことがとても難しい性質のものでした。

「やりたい」という意欲はとてもよくわかりましたし、長い目で見て応援したいと思いましたが、彼女には次のようなアドバイスをしました。

少し視点を上げて。あなたの客観的な状況と会社の立場を考えてみましょう。

「勝ち負け」ではなく、「できること」は何で「できないこと」は何か。

「できない」のに気持ちだけで突っ走ると、周りの人に「不機嫌な感情」を生み出すことがある。

あなたの穴は、あなたの会社だけでカバーできることか。他社も巻き込むことなのか。

あなた自身が「カッコいい仕事」「指導的立場」「女性の権利」にこだわり過ぎていないか。

仕事やポジションが変わることは、新しい見方や考え方を身につけるチャンス。

今まで知り合うことのなかった人と知り合えるチャンス。

配置転換や人事異動など、自分では決められないことに不満を募らせるのはエネルギーの無駄。

彼女はしばらく考えていましたが、やがてこう言いました。

「自分の応援団長になって、新しい自分を好きになりますね」

組織内に潜む「分断」と人の心

こんなにある「分断」のいろいろ

あなたが一緒に仕事をしているメンバーは、さまざまな観点で「違い」を持っている人たちです。

男女、年齢、学歴、出身校、勤続年数、労働（残業）時間、休暇の消化日数、国籍

身分（正社員、派遣、臨時、バイト）、肩書き、役職、資格、職種、健康状態

勤務地（本社、地方支店）、部署（本部企画、広報、人事、営業）

親会社、子会社、元請け、パートナー（下請け）

女性の中でも、独身、恋人がいる、夫がいる、子どもがいる、介護老親がいる。

残念ながら、企業の中では互いを認め合う「違い」ではありません。

違いが数値化され、暗黙のうちに価値付けされ、「勝ち」「負け」に伴って人の心に「優越感」「劣等感」を生み出す面倒なものです。

- 本社の花形・広報部長候補だったのに地方の支店に飛ばされ、屈辱感と不満でいっぱい。
- 育休明けでも時短勤務を選ばない人は「仲間」だが、時短の私は完全に二軍扱い。
- 派遣社員は、同じチームでも、会社から補助が出る打ち上げ会のときに誘ってもらえない。
- 部下は上司の指示に対して「別の方法のほうがいいのでは？」と言いにくい。

既得権益が守られなくなったら牙をむく

それでも、自分の「既得権益」が守られているうちは、まだ波風は立ちません。問題は、いままで通りにいかなくなったとき。本来手にしたはずの「賞賛」などが手に入らないときに「嫌味を言う」「攻撃する」「邪魔する」などの行動が現れてきます。心理学では「エンビー型嫉妬」といわれ、「すごいな。自分も頑張ろう」と、前向きな行動にならないのが特徴です。

・定年後再雇用や役職定年制で、年下の上司（しかも、元部下）に指示命令され、不愉快。
・俺は部長なのに、若手社員が「プレゼン資料も自分でつくれないのか」とバカにした目で見る。
・新規事業が一躍脚光を浴び、自分が担当する従来の看板商品は販売費予算削減に。
・アシスタントだと思っていた女性が、自分以上の大型契約を取ってきた。
・中途採用でこの会社のことを何も知らないヤツに、目前だった部長の座を取られた。

自分にはなかった「ラッキー」を手にしている人を受け容れられない

・「私の時代には、育休なんかない。夫も手伝ってなんかくれない。今の人は恵まれ過ぎ」
・「俺は全部犠牲にしてやってきたのに、結婚？　子育て？　で、管理職？　信じられない…」
・「有給を消化して、残業しないで出世するなんて、あり得ない。苦労知らずで、世も末だ」

女性、年下、高学歴、専門職、出産、転職後、管理職など「脅威」を感じると、とことんバカにし排除しようとします。真摯に受け止めて傷つかないように、くれぐれも気をつけてくださいね。

あなたの大切なものとその扱い方

「不機嫌な感情」はどこにでもいる

こんな場所に「全人格」で出かけて行ったら、どうなるでしょうか。

傷つく、心が折れる、立ち上がれなくなる…。そんなことになったら、取り返しがつきません。

頭に浮かぶのは「転職」。

でも、残念ながらどこの組織にも「不機嫌な感情」を持つ人はいます。

あなたが、「不機嫌な感情」の組織の中でもしっかりと生きていく方法。それは。

大切なものは取り外して家に置いていこう

誇りや信念などの大切なものを、カセットボンベのようにカチッと身体から取り外します。

そして、仕事に行くときは家に置いていきましょう。

身体も心も軽くなって、「何でもできる」気分です。

だから、いなす。ほめる、認める、賞賛する…。相手の望むことをやってあげるのです。

家に帰ってホッとひと息ついたら、カセットを装着。

元ののびのびとしたあなたに戻ってくださいね。

第2章

誰も教えてくれなかった 働く女子の恋・結婚・育児

「女子の恋と結婚」○×クイズ

① 「不安」の反対は「安心」である。

「×」

いいえ。「不安」がベースの人は、やっと「安心できるコト」を探しても、またすぐに不安になります。「彼」を換えても、「仕事」を変えても、終わりがありません。

不安を打ち消すのは「前に進むこと」。大変なようですが、それがこれからの時代の楽しみ方なのかもしれません。

② 休みを取りやすいように、仕事の経験とキャリアを積んでから出産する。

「×」

心情的には「キャリアを積めば休みが取りやすくなる」と考えたくなりますが、現実は必ずしもそうではありません。

誰もが認めるキャリアになるほどに、実は休みは取りづらくなります。身体のことを考えても「出産は若いうちに」をぜひ選択肢に加えてください。

③　いい人がいたら結婚したい。誰か紹介してくださいね。

「×」

こんなあいまいな依頼では、紹介する気になりません。

「いい人」って具体的にはどんな人？　誰もが望む条件で大丈夫？　50人ライバルがいても、勝ち抜く自信はありますか。

④　結婚相手は「オタク」がおすすめ。

「○」

「打ち込めるモノを持っている」という点で、貴重な存在。夫婦は「協力し合う」ことばかりに目がいきますが、「必要以上に干渉してこない」男性は、案外心地よいものです。

⑤　あなたがちゃんと育てなくても子どもはちゃんと育つ。

「○」

あなたが「ちゃんと育てよう」と頑張ると、かえって夫が育児をしなくなります。姑との意見の違いに悩むことにもなります。

育児には、不安要素がたくさんありますから、あなた自身もどんどん不機嫌になります。あまりいいことがなさそうですね。

長期のライフプランを立てる

キャリアプランではなく、ライフプランを立てよう

企業の研修では、女性社員も「キャリアプラン」を作成することが増えました。

何歳でどんな仕事を経験して、どんな役職について、そのための準備は？

細かく書くことを求められるようですが、若い女性社員本人に聞くと、「全く思い浮かばない」「自分のことだと思えない」「頭と手が別々に動いている感じ」といいます。

理由は明快。この会社に勤めながら結婚や出産、育児ができるのかと不安だからです。

だから、女性にまず必要なのは、キャリアプランではなく「ライフプラン」。

結婚も出産も育児も、考えられるものはすべて織り込んで人生全体を描く作業です。

不安は、目に見えないことから生まれます。できるか、やりたいかではなく、とにかく書く。

書いてしまえば、ひと安心。結果として途中で切り捨てるのは簡単ですが、地図も持たずにただ毎日を過ごしていれば、手に入るはずのものを失ってしまうこともあるからです。

キャリアプランは、今の会社だけで小さく行き詰まらないこと。転職、資格取得、留学、副業、起業など、さまざまな可能性を視野に入れてあなたの将来の成長を描きましょう。

さあ、少し見えてきましたね。これで、豊かな人生を送るための準備ができました。

【図表１　ライフイベントへの準備】

【人・情報】
・結婚相手の候補を見つける、結婚してやっていけるかどうか見極める。
・育児や介護で休みやすい部署に異動願いを出す。休んでも嫌われないために根回ししておく。
・育児や介護を助けてくれる人や施設、使えるシステムを探しておく。
・どの程度お金がかかるのかを調べておく。
【体調】
・出産に備えてストレスを軽減したり、体調を管理したりする。（意外に長期戦です）
・育児や介護に取り組む時、煮詰まらないように心の準備をしておく。

散歩のついでに富士山に登った人はいない

ネットで買ったものが即日手元に届く時代ですから、自分が思い立ったらいつでも何でもできる、と勘違いしているかもしれません。でも、人生は「早目に備えること」でランクアップすることがたくさん。

いいオトコは、急には現れません。子どもは、ボタンを押したらできるものではありません。

特に、出産には年齢的なリミットがあります。締め切りが迫ると心の痛みも増えるようです。

芸能人の出産ニュースを見ていたら何歳になっても産めるような気がしますが、若いうちのほうが体力的にはラクなのは事実です。

結婚、出産、育児、介護などのライフイベントを「不安」「苦労」から「期待」「楽しみ」に換えるコツ。

それは、ゆっくりと時間をかけて準備しておくことです。

どんな準備が考えられるのでしょうか。

図表１にまとめてみました。

出産とキャリアの折り合いの付け方

出産とキャリアのはざまの叫び

女性がキャリアを考えるときに避けて通れないのが、出産と育児です。

「初めて昇進してこれから、というときにまさかの妊娠？」

「夫に避妊は任せていたのに、妊娠？『そろそろ仕事は辞めろ』という策略だったのか？」

「つわりがひどくて思うように仕事ができない。同僚や上司の視線が突き刺さる…」

「出産後は半年で復帰するはずだったのに、保育園が決まらない!!」

「早く復帰しないと、せっかくのポジションを取られてしまう」

「子どもが身体が弱くて、手がかかる。先輩の子はそうでないのに、何でウチの子だけ…」

「切迫早産で入院ですって？なんでこんなに予定通りに進まないの？」

「大事な仕事の日に限って、すぐ熱を出す…。こんな面倒な子ども、もういらない!!」

本来はとても幸せに満ちて祝福されることのはずなのに…。

私自身も仕事を始めてすぐに妊娠、切迫流産となり、1週間は絶対安静と言われました。「本当に1週間で大丈夫ですね？来週は仕事ですが」と医師に言い、「そんなことわかりませんよ」と叱られた経験があり、子どもが欲しいけれど働きたいというジレンマは本当によくわかります。

出産は「神の手」にゆだねる世界

そもそも、妊娠や出産というのは人類の力を超えた自然の摂理です。健康な赤ちゃんに対面できるのは奇跡とも言われています。

私も、受精する確率、細胞分裂の様子、予想されるさまざまな病気などについて聞いたとき、本当に神秘的な気分になったことを覚えています。

一方で、私たちが所属する資本主義経済の企業社会は、自然と相反するもの。自然を克服し、不可能を可能にすることを「成長」「発展」と讃えてきました。嵐でも飛行機を飛ばす、納期は絶対、天候不良で農産物が不作なら輸入してでも納品するなど。

そのためには、健康で常に長時間働くことが大前提。しかも、それができなければ「努力不足」として容赦なくバツをつけられる競争社会です。

つまり、妊娠するタイミング、妊娠中の体調、出産の時期、出産後の母子の体調、必要な手当、妊娠から育児に至る時期の女性の心理…など、企業社会の納期、絶対厳守のようにはいかないのは当たり前。全員一律ではないのが当たり前。計画通りにいかないのも、努力だけではどうにもならないのも当たり前。それを前提に競争すること自体が最初から無理なのです。

だから、どうか悩まないで。予定通りに行かなくても「負けた」「ダメだ」などと思わないでくださいね。女性社員は「歴史的後発部隊」なので、まだまだ先発隊である男性には実感できないことがたくさんあるだけです。「撤退」ではなく「共生」「合流」を目ざしていきましょう。

「できる」女子が本当は後悔しているライフプラン

「キャリアを積んでから出産」はチョー危ない？

「ある程度のキャリアを積んでから出産した」

「彼女ならと周囲が納得する実績を積んでから出産した」

成功した女性のインタビューでよく出てくる言葉ですが、現実にはあまりうまくいっていません。

その理由を考えてみましょう。

第一に、生物学的には、出産年齢は若いほうがいいのは明白です。特に、30代後半からの不妊治療は、健康、心理、経済のいずれの視点からも負担が大きく、とてもつらいものになります。

第二に、実績を積むほどに時間的な拘束が厳しくなることが多いからです。

管理職は、部下の仕事の段取りとチェックが仕事ですから、当然。年齢が高いと介護とのダブルケアの負担も心配です。

第三に、自然に反した企業社会で生き抜く限り、「彼女なら」と周囲が納得することなど、実は永遠にないから。逆に、地位が上がるほどに要求されることは増え、減点にも厳しくなるはずです。

インタビューの「輝く」女性は、努力で乗り越えた人。でも残念ながら、出産を先延ばしにしたのにキャリアも中途半端で「こんなはずじゃなかった」と悔やむ人のほうが圧倒的に多いのです。

若い出産にはメリットがある

では、本当に企業での若いうちの出産は無理なのでしょうか。

「まだ会社に何も貢献していないのに出産するのは気が引ける」

↓出産＝退職の時代なら、そうでしょう。でも、長期で会社に貢献するつもりなら、まだ責任の範囲も小さく、抜けても仕事に影響が小さいからこそ産んでしまえば？　25歳、28歳で出産すれば、末子が小学校入学でも、まだ35歳。ここから本番です。

「社会経験を積んだほうが、賢く子育てができる」

↓知識ばかりが増えて、企業社会で「絶対にできるはず」という文化に疑問を持たなくなった女性が子育てに全力投球すると、子どもに余計なプレッシャーがかかるのでは？

40代になって幼児を追っかけるのは、体力的にも大変で「楽しい」どころではないかも。年齢は、絶対に取り返しがつきません。間に合ううちに優先順位をしっかり考えておきましょう。

「キャリアアップ」はまだまだいい手が出てくる

実は、「キャリアアップこそ先延ばしにしたほうがいいのでは？」と最近考え始めています。それは、人手不足の現状に合わせて、どんどん驚くような制度が進歩しているからです。

副業を許可するのはもちろん、育児で退職した社員を呼び戻す「出戻り入社」、週３日勤務でも正社員とするなど。いまは無理でも、あなたの会社にも、ある日突然に風が吹く可能性は十分です。

理想の結婚をするための3つの戦略

目標達成のための3つの戦略

「絶対に結婚したくない」と固く誓っている人以外は、戦略を立て、すぐに行動を開始することをおすすめします。「したくなったら」「仕事が一段落したら」と構えていては、「後の祭り」です。鈍痛のように「結婚できるかな」「あれ？　できないかも…」という不安を引きずって生きていると、仕事も人生も、永遠に「仮の姿」で全力投球できないまま過ぎていきます。

ここでは、「ビジネスの目標達成」のための3つの戦略を活用してみましょう。

商品戦略

「思いやりがある」「性格がいい」「やさしい」「気が利く」…。

男性が結婚相手に求める条件は抽象的で、頑張る方法が数値化できません。しかも、「尽くす」ことを求められているみたい。「商品開発」は、どうも手探りで効率が悪そうです。

実は、逆転が難しい大きなポイントは「年齢」です。これなら明快。

年下男子をゲットしているのは、覚悟を決めて自分の道を駆け抜けている特別な人。大した覚悟もなく「何となく」課題を先送りしてきた人に、そんなラッキーはありません。周囲から異端視されるほど情熱を傾けるものがないのなら、年齢が武器。女子力を磨く前に、即行動を起こすこと。

ターゲット戦略

「いい人がいたら、もちろん結婚したいですよ～」

若い女性はよくこう言いますが、「じゃ、いい人ってどんな人？」と切り込むと、とたんにモゴモゴ…。やる気あるのかな？　ビジネスマッチングでは、「いいお客様がいたら紹介してください」というリクエストは、ほとんど無視されています。「東大出身、県庁勤務の30代、次男」のように「顔が浮かぶように」いうと、探すほうもグッと動きやすいものです。

ただし、条件が増えるほどに該当者は少なくなります。「血液型はA型」（例）のような言い方ではなく、「A型以外なら」と可能性を広げて伝えると、相手は動いてくれやすいです。

行動戦略

「プロポーズは男性から」「いつかいい人が現れる」と思っていませんか？　それ、古いですよ。

行動は、照れず、力強く、休みなく。まず、大きな声で言う。たくさんの人に頼む。

ただ、信頼できる仲介者がいない出会いはリスクが高いですし、「どんな人か」を理解するまでに時間がかかることも難点。職場、大学、高校などの男性を棚卸してみては？　何か共通点がある、というのは心強いものです。選ぶポイントを次項以降で紹介します。

あなたの人生が輝く夫の条件

人生の選択肢は自分の手に

「あなたの人生を輝かせる」の間違い？　いいえ。「すごい」夫に幸せにしてもらうのではありません。あなたが可能性に挑戦して自ら輝こうとするときに、どんな夫がいいのかということです。「結婚する男性によって、人生はどうなるかわからないからね」なんて、母親の世代の話。仕事や住む場所を変えることがあったとしても、「人生の決定権」は自身の手に握ってくださいね。

低依存

毎日の身支度や料理、洗濯、掃除はもちろん、出張の準備など、基本的なことが自分でできる人。最近、「家事をやる」と言う男性は増えてきていますが、やることが自然で苦にしていないかどうかも重要なポイント。「仕方ない」とか「惨め」「恥ずかしい」と思っているニセモノは、結婚したらすぐにメッキがはがれます。「一人暮らしの男性の部屋って汚いのね。私が何とかしてあげるわ」などと思ってはいけません。汚い部屋に住むのは「本来はやりたくない」というニセモノでは？

母親が仕事や介護で忙しい人だった、学生時代から一人暮らしをしている、などが目安です。

いつもご機嫌さん

「怒らない」。実は、超重要。高学歴や一流企業勤務など「オトコとしてのステータス」は高くても、嫉妬や自己防衛、被害者意識などの「負のオーラ」をまとう不機嫌な人は実にやっかいです。

さわやかで自信ありげなことも多く、外見ではわかりません。デートのとき、小さなことでブツブツ言っていませんか？　特に「お客」になったとき。「俺は一流を知っている」と大物ぶる。自動改札機に止められたら「機械のレベルが低い」と批判。頼んだ料理が出てくるのが遅いと「この店、ありえない」と断言。声高にクレームをつけて回りの空気を汚染し「店の水準を上げるため」と正当化。本当は不安と劣等感でいっぱい。人を貶めることで自分の優位を確認するから、常に上から目線。「頼りがいがあって素敵」と思ったら大変!!次のターゲットは、身内になったあなたですから。

「怒らない」人は心が安定しているので、外で何が起こっても反応が乱高下しません。あなたの心も振り回されずにすみます。地味で頼りなく見えますが、ちゃんと探し出してくださいね。

自分だけの世界を持っている

イキイキと働いている女性の夫はいったいどんな人なのか、気になりますよね。実は、意外に多く挙げられるのは、いわゆる「オタク」。「ダサい」「論外」と切り捨てていませんでしたか？　自分だけの世界を持ち、自分のことは自分でやり、妻の動向にあまり関心を示さないのがかえって快適なのだそうです。「互いに励まし合い、成長し合い、時には一緒にパーティーに」。そんな男性は、外にいくらでもいます。アグレッシブな男性は「男尊女卑」の傾向が強く、家事などする気がないのも事実。夫に何もかも求めず、最低限必要なことをしっかり見極めましょう。

「君を幸せにする」という約束

どんなダンナ?

同窓会や会合で、よく言われる言葉です。何しろ、ほとんど家にいないことが多いので…。

30年前、神戸の結婚式で夫は「君を必ず幸せにするから」と大見得? を切りました。大好きな彼と4年の遠距離恋愛を経てやっと結婚にこぎつけた私は「あなたを支えていくわ」とルンルン。

そして、彼はちゃんと約束を守ってくれました。

私を社長夫人にしてくれた? 友達がうらやむくらいの大金持ちにしてくれた?

「愛されている」のは勘違い

そうではありません。彼のいちばんの贈り物は、「邪魔しなかったこと」。

専業主婦私が勝手に仕事を始めて、0歳児を保育園に預けて、時に「ごめん、お迎えに行って」と夕方会社に突然電話し、転勤には「ついて行かないから」と言い、出張でするりと家を空け…。

想定外のことが起こるたびに、「へぇ」と、淡々と自分でやることを増やしていきました。

「何でオレが」などと絶対に言わない人。私への当てつけに食器を乱暴に扱うこともなく「人として、当たり前のこなしている」ように、ごく自然に見えるのです。

真剣に叱られたことが2回だけあります。ケガした子ども、熱を出している小学生の子どもを家に置いて口止めし、こっそり仕事に出かけたのがバレたとき。それだけです。

友人は「理解があっていいね」「愛されているね」と言いますが、ちょっと違います…。

27歳になったムスコがズバリ「きっと無関心なんだよ」。確かに、当たっています。

「邪魔しない」ことの価値

私が何をしようと、どのポジションにこようと、彼自身の立ち位置はどっしりと変わりません。

「オレの飯は?」「今夜も遅いの?」などガタガタ言うこともありません。

おかげで私は不安もためらいもなく一生懸命に働き続け、子育てを終えた今も毎日ワクワク挑戦を続けています。

仕事はどんなに大変でも、家族からの心理的な「ブレーキ」がないから、全力で取り組める。

「励まし」も「応援」も「相談」も「助言」も要らないのです。

すぐに機嫌が悪くなる、口先だけの「エアイクメン」なんか、アテにしたくなるだけ悪質かもしれません。

彼に「幸せにしてもらう」より、自分で幸せをつかむほうが気分スッキリ。

私は、もうすでに一生分の贈り物をもらったと思っています。だから、今でも彼には片想い。

「邪魔しない」ことで、彼は私をこんなにも幸せにしてくれたのですから。

「母親」をさせてくれてありがとう

どんなムスコ？

これもよく聞かれます。ムスコが0歳で再就職をしたとき、私の友人もそろって「何で今なの？ 子ども、グレるよ～」と心配してくれていました。当時は「子育てが一段落してから再就職」が主流でしたから。

ムスコが結婚して新居に引っ越して行くとき、「ちょっと待って」と握手を。ぷくぷくの手だったのはついこの間のように思えるのに、いつの間にこんなにたくましくなって。きゅっと握っていたら、「気色悪い～」とすぐに振りほどかれてしまいましたが…。これまでにもう、一生分の幸せと楽しさをくれました。こんな役目をくれて、本当にありがとう。

申し訳ないほど、本当にいい子に育ってくれました。

どのくらいいい子かというと…。

乾いた洗濯物が放り出してあると、私のパンツもブラジャーも構わずせっせとたたむ。

自分が朝飲み切った牛乳は、ちゃんと帰りにコンビニで買ってくる。

珍しく私がご飯をつくったら「今夜はご飯あるんですか？ すいません」と言う。

午前様で帰ってきても、食べた後の食器は水音を立てないようにそっと洗って片づける。

「女性に何かやってもらうことが当然」という感覚が最初からないのです。だから、何かしてもらったら「ありがとう」と言えるし、ご飯がなくても不機嫌にはならない。

働く女性を支える、という意味では「超特選品」です。そういえば3歳児のときから、自分の荷物を全部詰めた大きなリュックを背負ってヨタヨタ歩き、私の仕事が終わった12月30日の夜に合わせて熱を出してくれたものです。

家庭内地位は「最低」でいい

もちろん、好きで「いい子」をやっていたのではなく、彼なりに、ちゃんと「反抗」を試みています。結婚式で「本当にいい子に育ってくれて…」と言うと「いやいや、あなたではなく、父に育てていただきました」と返してきます。保育園のときに夫の実家に遊びに行くと、祖母に「自分はいかにかわいそうか」「母はいかにアヤシイ料理を食べさせるか」を切々と訴えていたようです。

私は、ムスコにとって「賢く献身的な母親」でも、「子どもの可能性を最大限に引き出す母親」でもありませんでした。必要な予防接種も最後まで受けさせていないので、子どもに母子手帳を見せられないし…。夫にとっても同じ。そもそも、今でも片想いですから、「結婚していただいてありがとうございます」という感覚。心は「三つ指ついてお迎え」、ケンカにもなりません。

これだけ好きなことをのびのびと遠慮なくさせてもらっているのですから、家庭内の地位は「最低」でいいと思っています。その代わり、外での真剣勝負は体当たりです。

子どもがいてよかったこと

子どもがいてよかったこと

・「手がかかる」と思っていたけれど、いつの間にかお手伝いをしてくれる。こぼしたり落として割ったりするけれど、「ま、いいか」と思うと、ものすご〜く癒やされる時間。

・大変な時期は、「可愛いらしさ」というプレゼントをくれる。眠そうなときにくすぐったら「キャッキャッ」と笑うのが最高！　中学生ぐらいになると、仕事で愚痴を言っても聞いて励ましてくれて、アドバイスまでしてくれる。子どもの前では、安心してグダーッとなれる。

「いいとこ取り」で楽しくやりましょう

「自分できちんとやる」「やらねばならない」と考えると、不安で前向きな決断ができません。かといって「大変だからやめよう」では、楽しみも一緒に逃げていってしまいます。

「私ならできる」「何とかなる」「いままでやってきた」と自分を応援してあげませんか？

自然と対話する出産や子育ての楽しさは、仕事の自己実現とは世界観が違うものです。

逆に仕事で感じる「他者の中で自分が成長する感覚」や課題の達成感は、子育てでは味わえません。

せっかくだから、「いいとこ取り」。そのための方法はいくらでもあります。

第3章　幸せキャリアのための黄金法則

人生の質とステージを上げよう

人生の「あり方」を決める

働く若い女性はイキイキしていますね。研修会に出たり本を読んだり、積極的に学んでいます。誰かの生き方やことばに感動し、「カッコよく生きたい」「成長したい」と思うことも多いでしょう。ところが、いったんは「頑張ろう」と決心しても、続かなかったり、「こんなことしていていいのかな」「違うやり方の方がいいのかな」と考え込んだりすることはありませんか。

「根気がない」「能力がない」「やる気がない」と自分を責めがちですが、そうではありません。考え方の「クセ」に問題があるだけです。

「あの人は特別。どうせ私にはできるわけがない」「時間があればできるけれど、今の私には無理」「あれだけ頑張っている先輩も、ちっとも認められていない。この会社、ダメだわ」

不安、心配、不満などの「不機嫌」な心の声が逆風になり、せっかく頑張っていても思うような結果が出ないのです。しかも、無意識に吹いている風。もったいない!! 頑張りが結果につながるためには、心の声を安心、希望、応援などの「ご機嫌」な追い風にすること。

これは、経験や時間、性格の問題ではありません。必要なのは「決断」。あなたが「ご機嫌で生きる」といま、ここで決めること。人生の質とステージを上げると覚悟すると、心の声は変わります。

残念ながら、多くの人はこの心の声に気づかないまま、目の見える「やり方」だけを変えようとします。違う本を読む、別のセミナーに参加する、違う人に相談する、付き合う人を変える、違うやり方をする、転職をする…。

「若いうちは何でも経験」とはいえ、せっかくやる気になったのに自分で足を引っ張るなんて、とてももったいないことですね。

「根拠のない自信」があなたをグッと引き上げる

どんな人とでも、目の前の仕事に「自分はできる」と信じ、安心して挑戦しましょう。

でも、こう言うと、必ず反論があります。

「安心するといっても、大きな実績も経験もないのに、自信なんかないですよ」

「できると言って挑戦して、結局できなかったら、周囲に迷惑をかけますよね」

私もそう思っていました。あなたが組織の中にいるなら、確かにためらいを感じるでしょう。

でも、立ち位置と責任が違う経営者の間ではこう言われています。

「売上1億を目ざしたら1億しかできないが、同じ人でも5億を目ざしたら3億を達成する」

実績は、わかりやすく数字や名称で表現されますが、実は「この人はここまでできる」という「信頼」の目安にすぎません。目標を高く置き、走る自分を応援し続けていれば、根拠なんか要りません。実績は、後からついてきます。

絶対に仕事を辞めてはいけない理由　その１／経済

長い目で人生設計を考える

いまは正社員で働いているけれど、忙し過ぎて自由がないから転職したい。また、子どもができたら育児に専念し、時間に余裕があるパートや派遣に切り替える、と考えている人もいるでしょうか。

でも、生涯に受け取れる賃金は、働き方によって大きく変わります。「２０２０年には年収４００万円未満の世帯が６割を超える」（三菱食品マーケティング本部調査）と予測される中、収入はライフスタイルや感情にも影響してきます。長い目で人生設計を考えてみる必要がありそうです。

生涯賃金の差は１億円‼

働き方によって生涯賃金がこれほど違うという、驚きの結果です。

①　出産後も正社員として働き続けた場合　２億４６１万円

②　出産後に非正社員になって働き続けた場合　１億３７７万円

※ファイナンシャルプランナー氏家祥美さんの試算

※いずれも、32歳で一度出産し、定年まで働き続けた場合

※①は、20代後半で４００万円程度の年収がある想定
※②は、非正規社員になってからの年収を３００万円程度の想定

非正規の金額が低いのは、定期昇給、賞与、退職金など、正社員ならもらえる可能性が高いものがもらえないことが多いためです。

出産の時期も正社員として働き続けていれば、健康保険や雇用保険を財源として出産手当金、出産育児一時金、育児休業給付などが支給されます。

非正規の場合は、定年まで仕事が続けてあるかどうか、も不安な点です。

どれも現時点でわかっていること。「こんなはずではなかった」と言わないように、目を開けて。

大変な時期は長くはない

育児休業をとって復帰したばかりの女性正社員の毎日は忙しいし、お金もどんどん出ていきます。身体は出産前と同じくらい大変なのに、時短勤務で復帰した場合は収入がグッと下がったように感じ、疲れてイライラすると「ベビーシッター代のために働いているの？」「子どもに寂しい思いをさせてまで働く意味があるの？」という声もよく聞きます。

「今」だけを考えると、割に合わないと思ってしまうのでしょう。でも、子育てに手間がかかるのも、保育にお金がかかるのも、３歳がピークだといわれています。私の経験からも、３歳を過ぎた子どもの笑顔は何よりの応援団ですし、お手伝いだってできるのです。

長い「仕事人生」のほんの数年。「正社員」は、簡単に手放してしまったら後ではなかなか手に入らないのが現実です。「この大変な時期をどう乗り切っていくか」という方向に舵を切った方が、将来的にベストな選択になる可能性が高いと思います。

絶対に仕事を辞めてはいけない理由その2／心理

精神的な満足

2つ目は、精神的な満足です。

育児などで仕事を中断して、または働き方を調整したとして、あなたは自身の「欲求」を満たすことができるでしょうか。

サザエさんのお母さんが笑っているのは…

アニメ「サザエさん」のお母さんは、48歳だそうです!!

「母の日のプレゼントは何がいい？」と聞かれて「カツオとワカメが幸せであれば十分」と静かに笑っています。

新聞での連載開始は1946年。戦後すぐ、今から70年以上前に生まれたキャラクターです。

マズローの「欲求5段階説」によれば、人間は「生理的」「安全」「所属」「承認」「自己実現」と欲求のレベルを上げていき、下位の満足は忘れてしまう（ありがたみを忘れる）のだそうです。

戦後すぐですから、「安全」のありがたさをかみしめ、家族に「所属」できることでサザエさんのお母さんは十分に満足していたのかもしれません。

でも、現代の私たちは残念ながらそうはいきません。「所属」の場は家庭から社会に広がりました。「どの会社にいるか」「正社員か非正規社員か」というランクづけも重要であり、そこでのポジションや仕事ぶりを評価されるかどうかも、心の満足、そして心の安定に大きく影響しています。

リアルな「承認欲求」

仕事をして手に入るのは、お金だけではありません。

知識や技能を身につける、経験を積む、視野が広がるなどの成長のほか、上司からの評価やお客様からの感謝の言葉など、「認めてもらうことのうれしさ」も大きいものです。就職して一度はその高揚感を体験した人が仕事を辞めて、または働き方を調整して子育てや介護の時間をつくったとしても、精神的に満たされることができるでしょうか。「これでいい」と思えるでしょうか。「今の私は社会に必要とされていない」など深刻に悩む人も少なくないのです。

また、夫に扶養されることで家庭内に生まれる微妙な上下関係と居心地の悪さに、多くの人は辞めて初めて気づきます。

結婚して専業主婦になった私がそうでした。大好きな人と結婚したはずなのに「この小さな世界で私はずっと生きていくのか」「学生時代は何でも言えたのに…」と、1人悶々としていました。

「ワンオペ育児」がつらいのは、時間や体力だけではありません。子育てしていなければあるはずだった自分の姿。仕事で活躍し、賞賛される自分の輝かしい姿が、鏡のようにテレビや雑誌、ネットの中にリアルに見えることにあるのかもしれません。

絶対に仕事を辞めてはいけない理由その3／家庭内バランス

夫が家事をしなくなる

3つ目の理由は、実は夫が家事をしなくなること。

やってくれる人がいれば、夫はわざわざ家事をしない

最近では、妻が働いていれば男性が家事や育児をすることも珍しくはなくなりました。

それでも、統計上はまだまだです。

「共働きの生活時間」から家事・育児にかかる時間を統計で見ると、妻が4時間54分に対して、夫はたったの46分!!（※総務省「平成28年度社会生活基本調査」より）

結婚当初。妻が正社員で働いていれば、夫も家事をやることが多いものです。

それなのに、出産を機に妻が仕事を辞めたり時間に余裕のある仕事に換わってしまったりしたら、

あっという間に「家事をまったくしない夫」に逆戻り。妻の家事負担が増え続けます。

妻が正社員で産休、育休中でさえ「君、毎日家にいるよね、と夫が家事を全くしなくなったので、1人でてんてこ舞い。復帰がとても不安…」という女性も多いのです。

もちろん、夫に家事をさせることだけが目的ではありません。

でも、育児や介護で簡単に仕事をペースダウンしてしまった場合、「手が離れたら再就職」と妻が考えていても「いつの間にか家事をしなくなった夫」がパートナーでは、それほど簡単にはいかない、と悔しがっている先輩がいることも知っておいてくださいね。

自分の望む生き方を手に入れるために

警視庁の女性幹部の友人が、こんなエピソードを教えてくれました。

出産後、子育てをサポートしてくれるはずの母親が体調不良で入院。保育園は、すでに申し込み終了。育休の終わりは2か月後!!　さあ、どうする？

そこで彼女が始めたのは「ご近所ピンポン作戦」。赤ちゃんを抱いて「この子の面倒を見てもらえませんか？」とご近所回り。なんと、43件目で「少しの間ならいいですよ」と言ってくれる人に遭遇し、母親の退院までの期間を乗り切ったそうです。

「絶対に辞めないと思っていたから、こんな非常識なことができたのかしら」と、子どもが中学生になったいまでは笑い話になっています。

もちろん、夫の転勤などの条件や家庭の事情によって「正社員にはこだわらない」という場合もあります。独立起業も考えやすい環境になっています。どんな働き方をするにしても、長期的なリスクを知ったうえで決断できるといいですね。

いつも最高の自分を発揮するための「常備薬」を持つ

落ち込みから回復する方法

不調（不機嫌＝マイナス）を感じたときに、どこでもできる簡単な回復方法を知っていれば、落ち込みの時間が短く、浅くなります。自分なりの方法を「常備薬」のように持っておくといいですね。

【食べ物】　やる気や集中力を上げると言われるドーパミンを生成する「チロシン」が豊富なのは動物性食品、バナナ、ビーツ、りんご、アーモンド、ごま、チョコレート、緑茶などです。

【散歩】　環境と時間が許せば3分でも5分でも歩きましょう。エスカレーターではなく階段、一駅歩くなど。運動すると、新たな脳細胞がつくられると言われています。

【アクション】　身体の動きと感情は連動しています。1人なら万歳する、ぴょんぴょん飛んでみる、大きく伸びをするなど。誰かと一緒なら、思い切りほめる、拍手をする、大声で笑うなど。

【瞑想】　まずはゆっくりと鼻で深呼吸。「これ以上無理」というところまで息を吐き、ふっとゆるめると、自然に息が入ってお腹が膨らみます。この呼吸を意識しながら3分程度やってみましょう。

これらは、あくまで「治療」にすぎません。いつも最高の自分でいるには「予防」も欠かせないもの。「ご機嫌な自分でいる」と決め、そうであり続けることです。

なぜ「最高の自分」でなくてはならないか

ここまでずっと読んできたら、おそらくこう思っているかもしれませんね。

「別に、最高の自分でなくても、普通でいいわ」と。

「モスじい」「モスばあ」って、知っていますか？

「モスバーガー」で働く高齢者の愛称です。若者の店のイメージがあるファストフードですが、新宿区のある店舗では、従業員の半数以上が60歳以上だそうです（日本経済新聞より）

高齢者の採用は約4年ほど前から。最初は「年金と給料で生活にゆとりができる」と高齢者本人のメリットが紹介されました。パイオニアが楽しそうに働く姿を見て次第に人数が増え、「大学生を採用しづらい時間帯に欠かせない存在」となり、高齢者も店舗を利用しやすくなり、売上も伸びたのだそうです。しかも、大学生スタッフの人生相談に乗り、職場は和気あいあい、と革新的に。

実は、第一号の高齢者が応募したきっかけは「店に高齢者がいたので、自分でも大丈夫だと思ったが、実際はお客さんだった」という勘違い。でも、キータッチやつくり方などを必死で覚えて挑戦したとか。その勇気ある取り組みが次の多くの人に影響を与え、社会をも動かしているのです。

あなたが輝くのは、あなた自身のためばかりではありません。あなたは気づかなくても、その姿に励まされる人、何かを感じる人がいる。だからいつも最高の自分でいてほしい。若くても、大きな実績ではなくても、小さな貢献をしている。それは、あなたが生きている証なのです。

他人が言うことを気にしない

女性が求められるフルコース

「仕事がデキる女性」「可愛い恋人」「尽くす妻」「よい嫁」「賢い母」「親孝行な娘」。そして、「輝く素敵な女性」。女性に求められる7役は、フルコース並みです。

もしかしたらあなたはいままで、ある程度順調に歩んできたかもしれません。学校では成績が良いほう、入社時には「男子より、女子のほうが優秀」と言われ、「頑張ればできる」という実感、「もっと頑張らなければ」という意欲も持っていることでしょう。

でも、この7つは「合格」「不合格」が明快でないために、あなたをズッシリと悩ませます。

「多様化」だからこそ、多様な声に備える

他人は、そのときに感じたままのことを簡単に口にします。自分の立場で。自分の利害関係のままに。決してあなたの人生に責任を持っているわけではありません。評論家は「社会が変わるべき」「子育てに理解を」と言いますが、すべての人があなたの生き方を理解して賞賛し続けることなど、

どこまでいってもあり得ないのです。

生き方も考え方も多様化する時代だからこそ、多様な意見を聞き流す忍耐力を鍛えておくことが必要ですね。「はいはい」と笑って耳栓をして、自分を励ましながらいきましょう。

母親、友人は相談相手にはならない

昼下がりのカフェ。60代の女性同士の会話です。

A「ウチの娘。もうすぐ40歳になるのに仕事一途。早く結婚して孫でもつくってくれないかしら」

B「あら、お宅は総合職でご活躍じゃないの。ウチは貧乏な同級生と結婚して子育てしながらパート。何のために大学まで出したのか…。可哀相だから手伝いに行ってるわ」

A「あら、近くに住んでいるからいいじゃない。ウチなんか、男性に負けないように働きなさいと言い聞かせてきたから、海外転勤もあったし、ほとんどオヤジよ」

B「ウチは学生時代は優秀な子だったから、もっと活躍するかと思ったんだけど…。でも、将来は私たち夫婦の面倒を見てくれるから安心だわ」

母親は、確かにあなたの幸せを願う応援団です。でも一方で「働くことを諦めた」世代で、娘は母親の「作品」。マルチな方が誇らしい。だから、バリバリ働いて欲しい。でも夢を実現したり、母親を越えたりする娘はねたましい。世間並みに結婚、出産してほしいという複雑な思いも交錯します。

女性の友人も同様。うまくいっているあなたには嫉妬して、落ち込んでいるあなたをもっと落ち込ませることが多いもの。

大切な人であるだけに、振り回されないように上手に距離を取っていきましょう。

「いいほう」だけを考える

情報は「数」ではなく「つなぐ」力

情報を手に入れるのが難しい時代には、たくさんの情報を集めて多角的に見ることが求められました。たまたま目にした1種類ではなく、3種類の選択肢を持ってこい、と言う具合に。

しかし、ネットを通じて膨大な情報を瞬時に集めることもできるこれからの時代に必要なのは、もはや数ではありません。情報をつなぎ合わせ、不要なものを切り捨てていく判断力と決断力。ランチに行って、3種類の中から選ぶのは楽しいですね。でも、200種類と言われればどうでしょう。面倒になり、ベストな選択なんかできません。

家事や子育て、教育、おしゃれなどに関する情報は、集め出すとエンドレスに。発信者によって価値観もさまざま。情報にふれてしまうことによって、次のような余計なストレスが生まれます。

・たくさんの量の候補を比較検討する時間と手間
・「いい」と思ったのに、予算が足りないために諦めなければならない悔しさや無力感

・いったん決めたけれど、後でどうしても他のもののほうがいいとわかり、後悔…。
　いつまでも比較検討していないでさっさと決める。決めたら、いいほうだけ見るようにしましょう。

迷わず進むことで成長する

私が子育て当時、社長が言ってくれた言葉をいくつか紹介しましょう。

「やっぱり子どもに寂しい思いをさせているかな？」と不安になったとき。

「あなたのようなパワーのある母親に24時間ずっと監視されたら、きっと子どもは息苦しくてかわいそう。あなたは自分自身の夢を堂々と追いなさい。子どもは必ず自分で育つから」。

仕事が増えてきて、時間が足りないし、残業はできないし…と悩んだとき。

「近所で子守りを手伝ってくれる人を探そう。ドイツではね、賢い女性は皆そうしているのよ」と募集のポスターを私の目の前でサラサラと書き、「ほら、近所の電柱に貼って」と渡されました。

夫が転勤になり、小学生の子どもとやはり一緒について行くかどうか迷ったとき。

「あら、よかった。たまには離れて暮らすのも新鮮でいいんじゃない？　いままでずっと一緒だったし、この先も長いんだから」と。

当時の私はまだ半信半疑でしたが、20年以上が経ち、すべてその通りになっています。

どの選択がベストなのかは人生の幕引きまでわかりませんが、迷わず必死で進んでいると思いがけない大きな力が出ることがある。それがあなたの「成長」だと私は思います。

やる前に正解を求めない

「仕事と子育ての両立」は不安だらけ

小さな記事。でも、胸を締め付けられるような記事でした。（２０１７年10月９日付日本経済新聞）

「子どもを持つ前から不安」 93％

23〜39歳の出産経験のない働く女性を対象にしたインターネット調査の結果を報じています。

「仕事と子育ての両立に不安を感じる」原因は、次のように続きます。（複数回答）

「会社にいる子育て中の社員を見て」 73％

ワーキングマザーがスーパーウーマンみたいな人ばかり

全国転勤が前提の仕事なので子育てしながらは難しい

「ニュースなどの報道」 40％

「電車やバスなどの公共の場の状況」 25％

人に迷惑をかけずに余裕を持って子育てできるか心配（※２０１７年「スリール」調査）

確かに、小さな子どもがいる女性社員は、いつもバタバタしています。それなのに「子どもが熱？　また帰るの？」と嫌みを言われ、子どもが寂しい思いをしていないかと自問し、心身ともにヘトヘト…。子育ては「楽しい」ことではなく、「あんなふうになりたくない」と思うのでしょう。

おまけに、ニュースでは女性議員が公用車で保育園に行ったとバッシングを受けるし、「保育園建設に近隣住民がＮＯ」「待機児童解消はほど遠く」などの後ろ向きの情報ばかり。

電車やバスでは重い荷物とベビーカーを抱えてやっとの思いで乗り込んでも、子どもが泣き始めると周囲の冷たい視線がつき刺さって背筋が凍りそう。どうすればいいの…。

「正解」は過去の記憶でしかない

記事はこう結んでいます。

「不安を解消するためには、職場が両立支援の環境整備を進めるだけでなく、社会全体で子育てへの理解を広げる必要がありそうだ」。

確かに。でも、それはいつのこと？　そんなものを期待できますか。

そもそも、どんな理想的な考え方であっても「全員一致」はあり得ません。あなたの身近にも邪魔をする人がいるかもしれません。

「正解」は、あなたの過去の記憶でしかありません。これからの人生では、あなたが想像もできないことが起こります。あなたの輝かしい「未来」を「過去」に決めさせていいのでしょうか？

「不安」を解消するのは、他人がつくってくれた「安心できる状況」ではなく、前に進むこと。誰かが解消してくれるのを待つのではなく、不安を抱えながらもまっすぐ進んでいけばいいのです。

「ロールモデル」なんかいらない

ロールモデルは時代の要請で変化する

若手の女性社員の研修でよく出てくるのが「今の会社にはロールモデルがいないので不安です」という声。「仕事と育児や家事を両立して輝いている管理職女性がいない」ということなのですね。

そもそも、ロールモデルの歴史をたどってみると…。

高度成長を支えた専業主婦は、子育て後はパートに出て企業のコストダウンに貢献。雇用機会均等法後の総合職女性は「男性の3倍働くならＯＫ」と言われて、ほぼ撃沈。「女性活躍推進」は、人口減の対応と他の国への体面。

追いかける価値があるでしょうか。「ロールモデルを真似る人生」、本当にやりたいですか？

先の読めない時代の人生設計

教育家の藤原和博さんによると、これから必要な能力や教育は大きく変わっていくといいます。これまでは「ジグソーパズル型」。知識や技能をたくさん持ち、決まった正解に速く近づくことが重視されていました。つまり、成功している先輩の姿をたくさん見て、自分もそのとおりにマネしてみることで「成功」だったはずなのです。携帯電話もなかったお母さんの時代ならば。

これから必要なのは、「レゴブロック型」。自由に組み立てることができ、正解はトライする人の数だけあります。先輩のマネではなく、自分が「これかも」と感じることを冒険し情熱でやってみる。そして自分も周囲も納得させる力。そこには「判断力」「思考力」「表現力」なども必要になってきます。正解が何なのか、誰も教えてくれませんし、状況によって変化することもあります。

大切なあなたの人生設計。「仕事と家庭の両立」みたいな紋切り型をお手本にしますか？

「自分はオンリーワン」の覚悟

ロールモデルは必ずしも「成功」を、まして「幸せ」を約束してくれるものではありません。

正解は1つだと思っていたのに、違う正解がネットで容赦なく見えるからです。

いまの会社でキャリアを積んで管理職になるぞと夜遅くまで頑張っていたら、転職した同僚がSNSで「新しい会社最高」とつぶやき、ある友人は赤ちゃんと幸せそうなツーショット。ネイリストとして独立した女性のキラキラしたインタビューも気になります。

また、ロールモデルのような借り物の生き方を目標にすると、「これでいいのかな」と自分に確信がもてないまま頑張ることになり、ちょっとつまずいたときにパワーが出ないのです。

それどころか「不安」「あせり」「自己嫌悪」など、後ろ向きの感情につぶされそうになってしまいます。未だ亡霊のように生き残っている「いいお母さん＝自然分娩、母乳」というロールモデルのために、できない自分に罪悪感を感じている女性が多い例などは、とても残念なことです。

あなたの人生はオンリーワン。モデルもお手本もありません。何があっても自分を励まし続けること。その覚悟を決めたら、絶対に大丈夫。ワクワクいきましょう。

「女子力磨き」はほどほどに

1人でいい。余分にモテない

街には、「私はキレイをあきらめない」というコピー。本当にキレイでスタイル抜群の女性に見とれてしまうことがよくあります。自分の若い時のアルバムを思い出すと恥ずかしくなるくらい。でも、何のためにやっているの？　女子力を磨きすぎると、余分な男性が寄ってきませんか。あなたの気持ちに関わらず、彼らは当然恋愛感情を持っています。それらを整理したりお断りをしたりするのは、あまり効率のよいことではありません。

婚活サイトには「男性を見る目を育てましょう」というアドバイスもありますが、日替わりで複数の男性と付き合うのも難しそう。しかも、彼らはあなたの都合に合わせて黙って引き下がるわけではありません。一方的に思いを募らせたり、断られた、切り捨てられたと傷ついてストーカーに豹変したり…。「好きだ」と言ってくれた男性の数をかぞえて胸をときめかせる経験は、もちろん私にもあります。でも「匿名性」の高い昨今は、危険がいっぱいのゲームであることを忘れないでくださいね。

オンナ磨きは終わりがない

言葉が先走っている「女子力」ですが、雑誌やサイトを見ているとなかなか大変そうです・・・。

「クール、ガーリー、シックなどいろいろな自分を自由に演出しましょう」

「ファッションに合わせてメイクもちゃんと換えていますか？」

「美容院に行く頻度を増やして最先端の情報を仕入れ、美意識をぐんぐん上げましょう」

「夏のムダ毛は誰でもちゃんと処理しています。冬や秋も気を抜かないで」

「身だしなみはいつも抜かりなく。恋のチャンスはいつどこにあるかわかりません」

「このままじゃダメ」と前向きに挑戦し続けることを「成長」と言うのでしょう。でも、ノルマが増えると迷い、悩み、挫折、不安などの「不機嫌」が増えることも事実です。

毎日同じメイクをしている自分、仕事に没頭して美容院に行けない自分、夏にムダ毛を見つけた自分に落ち込んでしまったら、前向きなエネルギーなどどこから湧いてくるでしょうか。

失敗を恐れず迷わない

ヘア、メイク、ファッション…。仕事で頑張るよりも結果がわかりやすいのかもしれません。

「職場では、男性が上という空気を嫌でも感じるから、並みの男性には手の届かない存在になって、恋愛の場では、女性が上になりたいのかもしれないいな」とある女性が言っていました。

「女子力」は、頑張るための原動力。決して人生の目標ではありません。毎朝鏡を見てにっこり笑って、「これでいい！」と自信を持って出かけましょう。不安は過去の妄想でしかありません。

「ミリオネア・マインド」の著者であるハーブ・エッカーはこう言います。

「30m伸びるはずの樫の木が、もしも人間のマインドを持っていたら、3mにしかならないだろう」

自分を認めて応援する

自分のこと、嫌いですか

研修会の冒頭、「自分のことが大好きな人は？」と聞いてみます。

「ハイッ」と手が挙がるのは、多くて2割ぐらい。「え〜、まさか」という声も。

誰に遠慮しているんだろう。もったいないなぁと感じます。

未熟であっても、失敗ばかりでも、本気で自分を励ますことができるのは自分しかいないのに。

「他の人から見た自分」を見てみよう

Aさん「私は何もできないんです。C子のように美人でもないし、D子のように勇気もない。あの人たちは、本当に恵まれていますよね。いろいろ頑張ろうとは思いますが、血液型がO型なので、おおざっぱで飽きっぽくて。なぜか運が悪いです。自分が好き？　とんでもない・・・」

Bさん「私は何もできないんです。でも、上司にも同僚にも教えてもらって、１つずつ覚えています。大変な中で大学まで出してくれた両親には心から感謝です。毎日１回以上は失敗していますが、若いうちにいろいろな経験ができることが嬉しいし、頑張る自分がちょっと好きです」

「また会いたい」と思うのは、Aさん？　Bさん？

困っているときに応援してあげたいのは、Aさん？　Bさん？

悩みがあるときに相談したいのは、Aさん？　Bさん？

彼女、恋人、妻にしたいのは、Aさん？　Bさん？

一緒に仕事をしたいのは、Aさん？　Bさん？

「謙虚でいる」ことの勘違い

賢い女性は、無意識のうちに「求められる」イメージに自分を合わせようとします。

「生意気だ」と思われるより、控えめに、波風が立たないほうを選んでしまいます。

でも、それだけで終わってもいいのですか？

あなたの中には「やりたい仕事をやる」「挑戦する」「幸せになる」などの思いがあるはず。

「自分を認めて応援する」ことは、「いまの自分にあぐらをかくこと」とは違います。

「謙虚」とは、自律した厳しい生き方。単に「私なんか」と自分を否定することではありません。

「今日の髪型、ステキね」と友人をほめたら、「え？　全然〜」と固辞？　されてガッカリ、という経験はありませんか。

ほめた自分も否定されたように感じて。ほめられたら「うれしいです！　今日も良い1日にします」と、相手の厚意をしっかりと受け止めてみては？

選ばなかったものを潔く切り捨てる

選択肢が増えるのは幸せか

念願の豪邸を建てたお客様がぼやいていました。

「ドアも窓枠も、引き出しの高さも、全部選んでくださいと言われる。最初は『私は夢が叶う』とワクワクしたけれど、壁紙を500種類からと言われたときには「勝手に決めて〜」と叫んでしまったわ」

ランチに行ったとき。「麻婆豆腐」「野菜炒め」「酢豚」の3種類なら楽しく選べますが「30種類」ならどうでしょう。見るだけでも大変。うんざりするし、ベストを選ぶ自信もありません。

少し前までは「受験は時間がある専業主婦の専売特許」「働く母親の子どもは公立校」と相場が決まっていました。それがここ数年は「働く母親のための受験突破法」などの情報が目立ちます。

しかも、入試日をずらせてくれるため、北から南まで「全国難関校受験ツアー」が日程的に何とかできてしまうのだとか。「チャンスがあるのに、なぜやらないの。お金は出してあげるから。自分のことばかりじゃなくて、母親ならもっと子どもの可能性を考えなさい」と義母に言われて断れずに悩んでいる友人もいました。

隣の芝生は青く見える

いままでできなかったことができる。確かに「挑戦」であり、「成長」と言えるかもしれません。でも、この友人は、こうも言っていました。

「ネットで調べまくって、お金をつぎ込んで、仕事をセーブして。無理したら、できなくはないけれど。どこまでやったら終わりなのかな。私が嫌々やっていたら、自分が何のために生きているのかわからなくなりそう…」

私が子どものころ、欲しいものを買ってもらえないときによく両親に「隣の芝生は青い」と言われたものでした。「人のものはよく見えるだけ。自分のものを大切にしろ」という例えです。

いまは、「隣」どころか「全世界」の芝生が見える時代。選ばなかったものが日々現れて「残念だったね」と嘲笑し、「本当にこれでよかったのか」と自信を失い、決めた後もずっと迷い続けることになるのです。

加えてネットやインフラの発達で「できる」ことのハードルが急降下。「選ばない」ことは単なる選択ではなく、「あきらめ」「負け」「手抜き」「失格」と結びつきます。だから、落ち込んだり、自分を責めたり…。

友人の受験の悩みは、まさにこの「負けたくない」だったのですね。

力いっぱい切り捨てる

どんなに便利な世の中になっても、24時間でできることには限りがあります。どこで線引きするかは、あなたが決めればいいこと。

ただ、選ばなかったものを力いっぱい切り捨てることを忘れないでください。そうでなければ迷いをふっ切ることができません。

周囲の誰かがあなたのことを何か言うのを止めることはできませんが、聞き流せばやがて静かになるもの。

いつまでも言い続けるものではありませんし、ましてあなたの人生に責任を持ってくれるわけではありません。

ちなみに、私が切り捨てたものは？　すっかり忘れていたものを思い出してみました。

子どもの習い事や受験、庭付き一軒家、人を家に呼ぶ、ママ友、手づくりおやつ、盆暮れの帰省、2人目の子ども…。

困ったことは？　思い出せません（笑）。

聞こえなければ、困ることもなかったのですね。

第4章　やりたい仕事をやるための戦略的コミュニケーション

「ご機嫌コミュニケーション」〇×クイズ

① 「成功」の反対は「失敗」である。

「×」

いいえ。「成功」に最も遠いのが、失敗を恐れて「何もしないこと」。「あの人、名前何だっけ？」と思ったとき、「まさか聞けないよね」と思うと、せっかくの話すチャンスを失います。勇気を持って聞いてみたら「そういえば、あなたのお名前は？」「20歳過ぎたらモノ忘れが始りますね」と笑い合い、話がはずむこともあるのです。

② 「ヘンな人」だと思われたくない…。

「×」

このままでは「普通に感じがいい人」で終わってしまいます。

何かに真剣に取り組んでいる人は、皆「ヘンな人」ではないですか。「ヘンな人」は「圏外」ではなく、「すごい人」の一歩手前です。

③　ロベタだから、コミュニケーションは絶対に苦手…。

「×」

コミュニケーションの基本は「相手を受け容れること」です。そこから、流ちょうでなくても相手の心に刺さる話が生まれるのです。「顔をのぞき込む」「話を聞く」「うなずく」だけでも大丈夫。

④　無視されても気にしない。どんどん話かけてみよう。

「○」

「無視」に見えるけれど、「拒絶」とは違うことがあります。「おはよう」といきなり声をかけられて戸惑っていたり、他のことに集中していて気づかなかったり。二回目には「やっぱり、私に？」と確信し、三回目には「おはよう。いつもありがとう」と返ってくることもあるんですよ。

⑤　あの人は、後輩の面倒見がいい、「優しい人」だ。

「×」

同じ人が、コンビニではレジ係に暴言を吐き、夫婦げんかをした日には後輩を叱責することもある。日によって、相手によって変わりますが、どれもその人なのです。

わかりやすい言葉でくるのではなく、今目の前にいるその人の状態をよく見て理解を深めることができればいいですね。

人事部長たちのため息

企業研修の打ち合わせで、男性の人事部長の方とお話をする機会が多くあります。

女性社員の活躍の場を増やすために、一生懸命に理解しようとしているようですが・・・。

辞める前に相談してくれたら…

「女性社員は、突然退職願を出してくる」これは、多くの人事部長が言っていたことです。

結婚、妊娠時の体調、出産、育児、介護…。女性にはそれぞれに家庭の事情がありますが「有給休暇がなくなって、これ以上は無理」「回りに迷惑をかけるのが心苦しい」「これは私のわがまま」などと自分からあきらめて退職を決めてしまうそうです。

「辞めると決めた人を、人事部は引き止めるわけにいかない。でも、前もって相談してくれていたら仕事を続ける方法を一緒に考えていくことができるのに、とても残念です」

「へえ、そうなんですか」と、私もビックリ。

企業も「人」に合わせて制度を見直す柔軟性を持ち始めています。もともと男性だけの組織を前提とした制度です。「従う」だけではなく、「こんなふうに働けないか」と積極的に相談する勇気が必要なのですね。

育児休暇を取らせてあげたい人と、取らせたくない人がいる

さすがに公式の場ではなく、思わず漏らされたことですが。

「『自分の権利ばかり主張する』という現場の上司からの苦情もあって…」

人の確保は経営戦略ですから、本来は現場の人同士が対立するものではありません。

でも、「正論」ではなく言葉のニュアンス1つで相手の感情が動くことも知っておきましょう。

なぜ管理職にチャレンジしないのか

２０１７年７月末の新聞に、衝撃のデータが載りました。

「管理職志向の女性　新卒2年目急減!!」

２０１５年の新卒者を対象にした独立行政法人・国立女性教育会館の毎年の追跡調査の結果です。

私がさらに驚いたのは、２つの事実です。

① 管理職を目ざしたいという女性の割合が、入社1年目は64・7%だが、2年目は44・1%に。

② 2年目も引き続いて管理職を目ざしたいという女性は「総合職以外」では60%も低下の38・5%。

理由の2番目には「自分には能力がないから」とあります。

「すべての女性は管理職を目ざそう」とは思いません。でもその先の未知の部分に「成長」「飛躍」という可能性があるときに、ビビって進まないのはもったいない、と思います。

もう1つ。「自分には無理」と思う人は、そこに留まったとしても、「無理」という思いから、そ

れ以上は伸びないことを体験から知っているからです。

まずは「あいさつプラスワン」から

メリットを伝えなければ、相手はなかなか動かない

早朝ランニングをしていて、こんな光景に出くわしました。

片側3車線以上ある大きな幹線道路で、パトカーが何度も大声でアナウンスをしています。

「この道路は路肩駐車ができません。速やかにトラックを移動させてください」

警察ですから逆らうわけにはいきませんが、コンビニから出てきたドライバーは、

「うるせぇ、ちょっとぐらいいいだろうが…」と険悪な表情で乱暴に発進して行きました。

ワールドカップ予選後の雑踏を誘導した「ＤＪポリス」は、こんなふうに言っていましたね。

「警察からのイエローカードを受け取らないようにお願いします」

「皆さんは12番目の日本代表です。すばらしいチームワークを使って譲り合ってください」

「時計をご覧ください。終電も近づいています。駅へまっすぐ進みましょう」

「皆さんにまた会うときまでに練習しておきます」

花火の混雑では、こんなふうに。

「花火に負けないくらい素敵な笑顔の皆様にお願いをします」

「花火の余韻にひたりながら、１つ先の駅まで歩いてみてはいかがでしょうか」

怒鳴らず、恋人と電話をするようなよい声を出すのがコツだそうです。

あたたかく、気持ちが前向きになることば

「おはようございます」「お疲れ様」など、いつものあいさつの後に、あなたもちょっとひとこと。

・今日のネクタイ、とてもよくお似合いですね。
・さわやかで気持ちのよいお天気になりましたね。
・絶対にいいことがありますよ。
・お顔がイキイキとしていらっしゃいますね。
・なんだかうれしそう。いいことがあったみたいですね。
・ご家族で思いっきり楽しい時間をお過ごしくださいね。
・お会いできてラッキーです。あなたのお姿に、いつも励まされる思いです。
・今日はご指導ありがとうございました。私にとって、忘れられない1日になりそうです。

あなたに言われて「うれしい」「今日もがんばろう」という気持ちになったら、その人はきっと「またあなたと話したい」「あなたの味方になりたい」と思うことでしょう。

相手が思うようにリアクションしてくれなくても、落ち込むことはありません。ただのあいさつも、こんな素敵なチャンスになります。

現代の人の心理的背景

ここでは、あなたが関わりを持つ人の、言葉には出さない感情の動きを考えてみましょう。

「評価されていない」という不満が半数以上

評価が明確であるといわれているアメリカでも「労働者の48％が職場で評価されていないと感じている」と報告されています（アメリカ心理学会）。評価が曖昧な日本では、もっと高くなります。つまり、ほとんどの人が他の人を応援したり、他の人の状況を思いやったりする余裕のある心理状態にはないと考えてよさそうです。

多くの「たい」を持つ

わかってほしい、大切にされたい、役に立ちたい、バカにされたくないなど。このうち「バカにされたくない」というのはマイナスのパワーがとても強く、要注意の感情です。立場が上の人に対しては誰もが配慮をするものですが、後輩、部下、役職定年後の中高年社員などに無意識に接していると、「女性にバカにされた」と感じることがあるようです。真面目な人でも「キレる」「無断欠勤」「カゲ口」など、ビックリするようなことをしてしまうことがあります。

ピンポイントのニーズ

「自分の思うときに」「自分の思うことだけ」「自分にとって快適に」を期待し、外れるとイライラ。レストランで、おしゃべりに夢中の女性２人。店員が空いた皿を下げようとすると「まだ入っている」とにらむ。５分後には「いつまで経ってもお皿を下げにこない」と文句を言う、という具合。

立場が上であるほどに抱える案件が増え、時間に追われてその許容範囲も狭まります。上司の指示が行き当たりばったりなのも、コロコロと変わるのも、不機嫌なのもそのためです。

技術の進歩により「できない」が許せない

現実にはできないこともたくさんあるのに、頭の中では何でもできるはず、と思い込んでしまうのが現代社会の特徴。そのため「できない」「無理」という言葉を「やる気がない」「誠意がない」と間違って受け止め、不満を募らせてしまう傾向があります。言い方には注意を。

つながりがなくなってさびしい

「プライバシー尊重」で互いに無関心になり、ホッとしている反面、つながりがなくて寂しいという思いや１人でいることの不安も確実に抱えています。声をかけていくと最初は戸惑います。実は楽しみにしているということも多いので、めげずに声かけをしてみましょう。

知っておきたい「説明責任」

ダイバーシティ

今後の組織運営に欠かせないといわれている「ダイバーシティ」の定義を知っていますか。

「性別や年齢、国籍などを問わずに多様な人材を活用することで生産性を上げ、企業の成長と個人の幸せを同時に目ざす概念」とあります。

価値観が違う人の集団ですから、従来のような「全体の意向に従う」「察してほしい」「配慮してほしい」とはまったく違う、「積極的にぶつかる」コミュニケーションが必要とされます。

みんなが働きやすい環境を創る「説明責任」

ある研修会で、ロールプレイングで三択問題をやってみました。

「あなたは課長。急な残業を頼みたい。次の3人のうち、誰に残業を指示しますか？」

① 33歳独身男性。

② 31歳女性。子ども2歳を保育園に送迎中。

③ 22歳新卒社員。（直接の担当ではない。この仕事にはサポートが必要）

全員が「①」を選びました。

ところが、少し詳しい情報を加えてみるとどうでしょう。

①　33歳独身男性。難関資格試験直前。２年間通った専門学校の最後の模擬試験の日。

②　31歳女性。緊急時は、すぐ近くに住む実家の母が手助けをしてくれる。

③　22歳新卒社員。学生時代にこの業務に関連する勉強をしていた。

全員が選んだのは「②、アシスタントに③」という組み合わせ。②が、1人でやる場合の半分の時間で帰れるし、③の能力開発にもなるという理由です。

自分の状況を上司に詳しく説明しておけば、上司もさまざまな角度からみて最良の選択ができ、各自が不満を感じることもありません。くれぐれも「ワガママ」「自分勝手」と思い込まないで。

家事にも「説明責任」

「家事をやって、といちいち私が頼むのではなく、自発的にやってほしい」という女性がいますが、一足飛びにそれを求めるのは難しいです。男性は家事をやるように期待されて育っていないので、単に気がつかないのです。「女性だから、当然家事ができる」と思っているのかもしれません。

同様に、女性の体調などについても、知らないことが多いものです。

あなたが熱を出して寝込んでも「オレのご飯は？」と言う夫にブチ切れそうになることもありますが、まずはあなたの心と体の状況を丁寧に説明しましょう。彼が理解するまで根気よく。

価値観の違う相手と暮らすというのは、こんな面倒なプロセスを経るということです。

知っておきたい「質問責任」

「こんな働き方ができないか」と聞いてみる

大型小売業の若手女性社員研修でのこと。

「先輩との懇談会」に先輩として参加した副店長の女性がこんなエピソードを教えてくれました。

「夫が鬱病になりましたが、周囲の皆様のあたたかな励ましで快復しました」とスピーチしていたので、後で詳しく聞いてみたのです。

職場には「夫婦は同じ店舗に勤務しないこと」という暗黙のルールがあり、結婚すればどちらかが転勤するのが当たり前だったのだそうです。

もちろん、彼女も知っていました。

でも、彼女は信頼できる上司にダメもとで聞いてみたのだそうです。

「夫と自分を同じ職場にしてもらうことはできないか？」

同時に、鬱病特有の症状なども細かく説明しました。サポートがあれば、少しずつ働けること。何か起こったときのために、できれば彼女が側で見守りたいこと。

上司が本部に掛け合ってくれて、「例外」が実現しました。夫は、順調に快復。

「当時の夫はあいさつ1つできない状態でしたが、いまではお店のどこにいても一番大きな声が聞こえます」彼女は本当に嬉しそうに、何度も会社への「感謝」を口にしていました。

「質問責任」が未来を開く

このエピソードから学ぶことは３つあります。

①　新しい可能性を開く

彼女が勇気を出して問いかけたことによって、本部は鬱病の人に対する対応法を知りました。次に同じ事例が出てきたら、もう「例外」にはなりません。前例があると知ったら、安心して働き続ける人も出てきます。休職か退職か。いままでならあきらめていた人に、彼女は可能性を開いたことになります。

②　意味のない習慣を見直す

「夫婦は同じ職場に勤務しないこと」というのは、それなりに理由があったのかもしれません。だから、彼女も慎重に周囲の理解を得ながら、けじめには気をつかったそうです。これをきっかけに本部がこのルールを見直したら、「夫婦だから」という慣例的な理由だけで納得のいかない転勤をすることもなくなるかもしれません。

③　自分のモチベーションを上げる

彼女は繰り返し「この会社が好き。このお店が好き。だから、絶対に恩返しがしたい」と言いました。自分の手で道を切り拓いて来た人の清々しさを感じました。

仕事が楽しくなる「ナナメ」の関係

代わり映えしないタテ、ヨコ、カコミ

あなたの組織には、タテとヨコとカコミの関係があります。

「タテ」は、年齢別。上司と部下。査定や指導を受けるため、フランクな関係ではありません。

「ヨコ」は同期。慣れた関係ですが、知識や経験、権限レベルがほぼ同じ。広がりがありません。

「カコミ」は、同じ部署。社内の立場も同じで、話題はいつも同じ。

懇親会、歓送会、納涼会、同期会…と、集まる機会は多くても、新しい発見がありますか？

「二次会は行かない」など、自分なりのルールを決めておくのがいいかもしれません。

せっかくの出会いのチャンスを活かさない人々

「タテ」「ヨコ」「カコミ」の意識が強いと、せっかくの出会いのチャンスを逃してしまいます。

①　商工会議所のセミナーで隣に座る
商工会議所のセミナー講師を務めることがあります。同じ会社から2～3人参加する場合は、ほぼ例外なく隣り合って座ります。休憩時間も業務連絡。積極的な交流はあまり見られません。

②　エレベーターで無言の人々

同じビルで同じＩＤカードをぶら下げた人同士。話はおろか、あいさつをしている場面も、あまり見たことがありません。「やあやあ」と言うのは、「タテ」「ヨコ」「カコミ」らしき人だけです。

ナナメの出会いは自分で創ろう

あなたの人生を楽しくしてくれるのは、部署も年齢も役職も違う「ナナメ」の関係。「部署」を超えたアイデアを引き出すきっかけになったり、目線の違う情報をくれたり、仕事の進め方を教えてくれたりします。出産を考えているなら、ぜひ社内にたくさんの味方をつくっておくことです。

出会いのチャンスはどこにあるのでしょう？

①群れない

「タテ」「ヨコ」「カコミ」とダラダラ群れていては、外部から声をかけてもらうことがありません。ランチや終業後に連れ立って動くのをやめ、１人で歩きましょう。

②声をかける

エレベーターや、ビルの近くのカフェで自分から積極的に声をかけてみましょう。「同じ会社の方ですよね。どんな仕事ですか？」。あなたと同じプラス志向の人は、きっと応えてくれます。

③「こんなことに詳しい人を知りませんか？」と具体的に紹介してもらう

「タテ」の同期や「ヨコ」の部署の先輩などを紹介してもらいましょう。

もちろん、社外の会合や勉強会には、積極的に参加するといいですね。

コミュニケーションの3つの黄金法則

あなたがこれから関わっていく人

あなたがこれから関わっていく人は、おそらくこんな人です。

・あなたに特に好意や関心があるわけではない
・あなたの外見と自分の経験を掛け合わせて勝手にあなたのキャラを設定し、リアクションする
・毎日起こることは特に関心を払わないが、目立つトップニュースなどは知っている

この勝負、「普通」にしていては見通しが立ちません。だから、「奇策」（？）を授けます。

「自分をアピールするため？　イヤだ～」と思ったとしたら、それは勘違いです。

「私といい関係ができたら、相手も絶対に幸せだから」と確信を持って。

異常に

「異常にうなずきながら聞いてくださいね」研修会を始めるとき、聞き手にこう言います。

たいていはほとんど動きませんが、30人に1人程度、本当に「異常に」うなずく人がいます。

私は大勢の人の中でも、その人のほうを見ながら話し、終わったら声をかけます。

「異常」の目安は、「普通の人」がやらないこと。

そして、自分では「これ、おかしいやろ？」と首をひねりたくなるレベルです。

道を譲るなら、身を引くだけではなく、明るい声で「お先にどうぞ」と大きく手で指し示す。

笑顔なら「微笑」ではなく「歌舞伎役者の見栄」のように大げさに。

返事がなくてもめげずに続ける

朝ランですれ違う人に「おはようございます」と挨拶すると、すぐ返事が返ってくる人は３割弱。

でも次第に返事をしてくれるようになり、最後まで無視し続ける人はほとんどいません。

最初から返事を期待すると、おそらくあなたは落ち込んでしまいます。

相手の反応には関係なく、あなたのほうから発信し続けること。

あなたは「場の空気に合わせる人」になりたいですか？　それとも「場の空気をつくる人？」

どちらがワクワクするでしょう。どちらが楽しいでしょうか。

根拠は要らない

「きっといいことがありそうね」などと思い切り前向きなことばをかけるとき、根拠は要りません。

言われた相手は「いいこと探し」のスイッチが入り、「あ、これがいいことなのかもしれない」

と自分で感じ始めるからです。

「ありがとう」も同様。「返礼」ではなく、相手にいい気持ちになってもらうための言葉です。

ポケットからさっと出す話題

同じ土俵でこんな話題を用意する

若くて美しい女性は、自分でも気づかないうちに仕事の場で損をしていることがあります。

仕事に自信を持てない男性社員から見ると、「手が届かない存在」に見えて敬遠される。
※　恋愛市場の序列を仕事に持ち込むな！
外見磨きや男探しにばかり精を出している気楽な人として見られる。「女はいいよな～」のように。
※　私を格下げして安心していないで、自力でがんばれよ!!
でも、同じ土俵でこんな話題を用意すると、上手に親近感や信頼感を得ることができます。

あなたの中にあるさまざまな面を、関わる人には自分でちゃんと伝えておきましょう。

意外に距離感がないことを理解してもらえると、とても仕事がしやすくなります。

故郷のこと

・出身地ののどかな風景やそこで思い切り遊び回ったこと。
・高校生のときのかなわぬ恋とそのときのせつなさ。
・人生を決めたり、背中を押してくれたりした恩師のことば。

・社会人になって広がった視野で、自分の生まれた街の将来を考えてみると…。

両親への思い

・家を離れると決めたときのときめきと不安。
・親元から離れてしみじみとありがたさを感じたこと。
・初めてのお給料でプレゼントしたときの、両親の忘れられない表情。
・大切にしている祖母からの手紙。

仕事への信念

・「自立して誇り高く生きる」という覚悟。
・就活の時に出会ったこの会社の先輩のひとこと。
・この仕事に興味を持つきっかけになったエピソード。
・子どものころから持ち続けてきたあこがれ。
・初めて出会ったお客様に教えてもらった大切なこと。

失敗談

・入社したときに感じたうれしさと「自分にできるだろうか」という不安。
・大きな失敗をしてとことん落ち込んだこと、反省したこと。

覚悟が伝わる話し方と「逃げ」の話し方

やったことは、評価も批判も含めてちゃんと自分で引き受ける覚悟があるかどうか。

それは、「言葉」に現れます。

「私は悪くない」と聞こえる言葉

ハウスクリーニングでは、お客様のお宅のものを過ってこわしてしまうことがあります。

もちろんご報告しますが、お客様が怒ったのは、スタッフがこんなふうに言ったときです。

「茶碗が割れました」

お客様は、こう言います。「責任逃れしていうように聞こえるし、またやるなと思う」

次のように言ったスタッフには、「大丈夫。それよりケガしなかった？」と言ってくれる人でも。

「すみません。大切な茶碗を私の不注意で割ってしまいました」。

約束の時間に遅れてきたときに

A「電車が遅れたので…」という人。

B「ごめんなさい。電車に乗り遅れてしまって…」という人。

ミスが発覚したときに

A「え、やったはずですけど…」という人。

B「私が確認し忘れました」という人。

あなたの言葉に、Aのクセはありませんか？

応援したくなる「値上げ」宣言

仲良しの女性社長。何と、今年になって2回目の値上げを敢行しました。従業員を大切にし、県のワークライフバランス推奨企業にも認定されている会社。彼女はこう言います。

「値上げに必要なのは、言い訳ではなく、経営者の真摯な態度、覚悟と決断。自分のお客様への決意表明だけではないか」

消費税増税、加速する人手不足、最低賃金の大幅アップ…　そんな状況は、皆わかっていること。でも、一般的には「資材高騰につき、やむを得ず…」のような表現をよく見かけます。「説明」のようですが、やはり「言い訳」「私は悪くない」に聞こえてしまいます。

彼女の店には、こんなポスターが貼ってあります。

「来月より、一部、料金改定をさせていただきます。秋に向けて、お得なサービスを盛りだくさんご用意してございますので、今後も引き続きよろしくお願い申し上げます」

スカッとさわやか。応援したくなりますね。

どんな職場でも仕事を楽しむ人間関係の極意

人間関係の極意

若い女性が組織の中で自分の力を発揮する。
若い女性が組織の中でやりたい仕事をやる。
そのための、戦略的なコミュニケーションの極意をお伝えします。
「人間関係に恵まれて」と言う人が、無意識であっても実は必ずやっていること。
どんな職場でも、絶対に人間関係でトラブルを抱えないための心構えは、これ。

すべての人の　下に　自分から　潜り込む、です。

すべての人

年齢や勤続年数、肩書きの上下で接し方を変えたら、煩雑でしかたありません。特に男性は、年齢や勤続年数が下でもあなたに注意されると逆恨み、という場合もありますから、注意です。

下

駅の雑踏で、男性2人が突然殴り合いを始めたのを見たことがあります。

原因は、「足を踏んだのに謝らない」「電車が揺れたせいだ。なぜ私が謝るのか？」の言い争い。殴り合いまで、あっという間でした。ヤクザではなく、ちゃんとした服装の方でした。「下ではない」と突っ張ると、男性でもこうなります。女性の場合は思わぬたたかれ方をすることがあります。さっさと「下」にポジションを取っておくと、後がスムースです。

注意したいのは、これは単に「ポジション」のことであり、「人格」ではないということ。

自分から

人から「下」に押しやられると、ものすごい屈辱です。

掃除の仕事をしていたとき、当時は「下請け」と呼ばれる立ち位置の仕事もありました。お客様から「○○が壊れている」というクレームがあったときのこと。

スタッフに確認したら「最初から壊れていましたけど」とのこと。元請けの担当者は「そんなこと、お客様には言えない。そちらで賠償して」のひとこと。この悔しさは、忘れることができません。

同じ「下」に行くなら、「自分の決断」がとても大切です。

潜り込む

どうせやるなら「渋々行く」「しかたがないから行く」よりも、スライディングするくらいの勢いでいきましょう。相手もビックリ、圧倒されますから。

この定位置をしっかりキープして、人間関係に煩わされずに思い切り仕事をしましょう。

ミスユニバースのように動くと見えてくるもの

ハウスクリーニングをやっていたとき、動き方のルールを決めました。

「ミスユニバースのように仕事をしよう」。

必死で流し台を磨いていたら、完全にお客様にお尻を向けてしまいます。背後から「水が飲みたい」と近づいて来られるお客様に気づくことができません。ところが、ミスユニバースが舞台に立つときのように、真正面ではなくななめ45度に立つと、後ろの気配が見えます。「あ、お水ですか?」と身体をずらしたり、こちらから声をかけたりできるようになりました。

電車の自動改札のタッチミスで赤ランプがついたとき。

「え、何で?」と機械に文句を言いながら何度もたたき付けている人いますよね。たいていは不機嫌なまま走って行ってしまいます。回りにトゲトゲした空気を残して。

でも、ミスユニバースのようになため45度に立っていると、自分の後ろの人も「え」と困ったのが見えるので、「すみません」と会釈して空気を和らげることができるのです。

同じことをしているのに、何事もなかったように。スマートに。

前に集中するだけでなく、後ろの気配を感じることで、自分が知らない間に邪魔になっていないかどうかがわかります。

第5章　輝くパワーを生み出す「自分の伝え方」

あなたの人生を輝かせてくれる人たちとは

「ちょっと苦手な人」との関係を深める

あなたは、これまでどんな人に影響を受けてきましたか?

あたたかく見守ってくれるご両親、兄弟姉妹をはじめ、学生時代の恩師や、励ましてくれる友人たち。気軽に話ができる同期生。そして、大好きな彼。

これから歳を重ね、人生の経験を深めていくあなたを輝かせてくれるのは、いまは「ちょっと苦手かも」と思える人。上司、顧客、パートナー、義母などです。

あなたととても近い距離にいて、あなたの敵にもなり、でも強力な味方にもなる存在。

一般的には「むずかしい」と言われる関係ですが、ぜひあなたから上手に育てていきましょう。

なぜなら、彼らもあなたを「応援したい」と、きっと心のどこかでは思っているからです。

戦略的コミュニケーションの9の法則

コミュニケーションの極意は「すべての人の下に自分から潜り込む」でした。

では、どうしたらそれを彼らに上手に伝えることができるのか、これからそっとお伝えします。

「うーん、わしかてアホえ~♬」と拍手する、です。

「ん？」よくわかりませんね。それでは、もう一度。

「うーん、わしかてアホえ〜♬」と拍手する。

まずは、拍手。親指の付け根の分厚い部分を思い切りぶつけると、深く景気のいい音がします。

スピーディーに拍手しながら「ああ、つまらない」と言ってみてください。いいにくいですね。

心は動作に連動します。ついてこない心は置いておいて、まずは動作からやってみましょう。

「うーん、わしかてアホえ〜♬」

次は、それぞれの頭文字に注目です。
う　うなずく
わ　笑う
し　心配する
か　感謝する
て　手伝う
あ　あやまる
ほ　ほめる
え　会釈する

うなずく

「真顔」の人が送るメッセージは

会議や研修では、「よそ見しないで真面目に静かに聞く」のが暗黙のルール。

特に、中高年の男性はびくともしません。女性も緊張して座っています。

圧巻だったのは、警視庁の「子育てアドバイザー」研修会。

300人以上、ほぼ黒一色の幹部が微動だにせず、大変な「目ヂカラ」を発射して来られます。

一生懸命に聞いて下さったようで、後で具体的な質問がたくさん出ました。

アンケートも「学ぶことが多かった」「自分たちにない視点が新鮮だった」と、とても前向き。

でも、講演中は、そう気が弱くもないさすがの私も不安になりました。

「忙しいのに、何でこんな話を聞かなきゃいけないのかと不機嫌なんだろうか…」

「そんなことはとっくに知っていると思っている?」

「にらまれてる?」などなど。

大きく首をタテに動かす

「うなずく」は簡単な動作。

ラジオ体操の首の運動のように、前、後ろに大きく動かすだけ。

前、後ろ、前、後ろ、前、前、前…。

たったこれだけですが、聞いている方も、ほら、気持ちが入ってきますね。

「理解できているか」「共感できているか」は関係ありません。

話し手に安心してもらうために、まずは首を上下させる。

「私、あなたの話の続きが聞きたいです」というメッセージです。

残念ながら、冒頭に「今日は、死ぬ気でうなずく練習を」とお願いしても、２分後には無表情。

よほど意図的に自分に言い聞かせなければできないことのようです。

実は、講師も「うなずき」を見て俄然嬉しくなり、とっておきの話をするという効用があります。

合いの手や声かけ

一対一のときはもちろん、大勢の講演会のときでも、ぜひ自由に「合いの手」を入れてみてください。

「え？　本当ですか？」

「あー、ビックリしました～」

「すばらしいですね」などなど。

何のためだと思いますか？

話し手の誠意に応えるため。「恥ずかしい」という小さな殻を破って、その役目、引き受けてみませんか。

笑う（笑顔）

普通でない笑顔

「笑顔で」なんて、誰でもどこでも教わること。
ここでは、「普通でない笑顔」をやってみます。

口角を上げる

口の両端を上げたまま、はい、ストップ!!
「結婚が決まって幸せいっぱいの真子さま」のイメージで。
目が埋もれるぐらい、頬も一緒にキュッと引き上げる感じです。
40代を過ぎると上がりにくくなりますから、楽しくトレーニングしてみましょう。
テレビを見ている間、わりばしを上下の前歯で横にくわえてキープ。

眉毛を上げる

そのまま、眉毛をグッと持ち上げます。
目から眉毛までの距離が伸びて、アイシャドウの色もあざやかに。

それまで眠たそうな表情だったのが、急にシャキッと目覚めるから不思議です。

「額にシワが寄る」なんて気にしないで。

目を見開く

最後に目玉にグググッと力をいれます。

黒目が大きくなると、光を反射して、本当にキラキラと輝きます。

パチパチと瞬きしてみると、目がうるんでいっそうキレイです。


この3点セット、自由自在にスイッチを入れられるようになるまで練習したいもの。

スマホで撮ってもらいましょう。無意識のときでも口角が上がっていたら最高です。

シルバー人材センターの研修でこの実践をやると、皆さん10歳以上は若返って大喜び。

自分では「ちょっとおかしいよね」と言うぐらいの感覚まで突き抜けると、とてもキレイ。

「照れ」があるうちは、いま1つに見えるから不思議です。


先日、店舗のホールスタッフのコミュニケーション研修をしたときの合い言葉。

「開店したら、あなたは歌舞伎役者。仕事中はミス・ユニバースの気分で」

「見える」ではなく「見せる」「魅せる」心意気で。

心配する・感謝する・手伝う

心配する

「咳をしていらっしゃいますね。寒くないですか？」

「（転んだ人に）大丈夫ですか？　打っていませんか？　薬を持ってきましょうか？」

「ゆうべはよく眠れましたか？　トラブル、きっと解決しますよ」

「ご旅行中、台風の雨風でお困りではなかったですか？　心配していました」

「お子さん、今日の具合はいかがですか？　ご心配ですよね」


弱っているときにこんな言葉をかけてもらうと、とてもうれしいものです。

50代の男性の中には、「体調悪化は気のゆるみ」と信じ、人前で心配されると「弱い人との印象を与える」と嫌がる人も少なくないため、無視されることもありますが、気にしないで。

感謝する

何かしてもらったから、何かいただいたから「ありがとう」。これは当たり前。

ここでは、「目に見えないことへのみなし感謝」がポイントです。

上司、パートナー、顧客、義母は、あなたのために何かをしてくれることが多い立場の人です。

あなたが家に帰った後に発覚した小さな行き違いをすぐに他部署と調整してくれた。

あなたが出張で留守にしている間に枯れかけた観葉植物に水をやってくれた。

慣れないあなたが気づかずにいた小さなミスを我慢してくださった。

あなた夫婦のために産地直送の果物を頼んでくれたけれど，今年は不作で結局届かなかった。

おそらく、「これ、やっておいたよ」といちいち言わないこともあります。

だからこそ、何もなくても、気がつかなくても、いつも「ありがとう」が大切なのです。

手伝う

ずっと残業が続いて、今日こそは絶対に早く帰りたい日ってありますよね。そんなあなたの横でまだ仕事が終わりそうもないでバタバタしている上司…。

見つからないように、そそくさと帰りたくなりますが…。

そんなときは「何かお手伝いすることはありませんか？」と聞いてみましょう。

本当にあなたが手伝える仕事なら、おそらくとっくに残業の指示が出ているはず。

それがないのなら、あなたにはできない仕事。

大丈夫。「手伝え」と言われることはありません。

でも、「手伝いますと言ってくれた」嬉しさだけは心に残ります。

忙しい上司は、あなたの応援をうれしく受け止めて、頑張る力がわいてきます。

そして、あなたが忙しいときにはちゃんと助けてくれるかもしれません。

あやまる

「絶対にダメ」という人も

中国の大手介護会社で「日本式の掃除とおもてなし」の研修をしたときのこと。

丁寧な接客のポイントとして、この「あやまる」も挙げました。

研修が終わってその会社の女性社長が「皆さん、一点だけ訂正します」と言ったのがこれです。

「あやまるのはダメ。絶対にダメです」。

信念を持った経営者も同じです。

ある女性社長は「私があやまるのを嫌いだと知っているから、スタッフには『私がお客様にあやまっておきますから、社長は出てこないでくださいよ』と言われている」と教えてくれました。

でも、背負うものが「自分」だけのときなら、ためらうことはありません。

そのほうがうまくいく、という場合が多いからです。

2つ例を挙げましょう。

最初から「下」だと思われているとき

男性は女性を下に見ます。

年上の人は年下の人を下に見ます。

お金を払う人はお金をもらう人を下に見ます。

上司は部下を下に見ます。

すべての人がそうではないし、「見る」よりも「感じる」というほうが近いかもしれません。

でも、あなたが若い女性なら、そこに収まっておいたほうがスムースに進むというのも事実です。

無意識に相手の心理的バリアに進入しているとき

出張で大型キャリーバッグを引いて雑踏を急ぐことが多いので、意識していることがあります。

人の側を通るときに「すみません」と言うことです。

逆に、向こうからキャリーを引いた人が自分に近づいてくるとよくわかります。

心理的に「これ以上近づかないでほしい」「あっち行け」「引っかかったら面倒」と思うのです。

案の定引っかかったら「ほら、だから言わんこっちゃない!!」だから、つい声が荒くなります。

実際に引っかけてしまい、あやまったにも関わらず、ものすごい形相で舌打ちされた経験から気がつきました。知らない間に、すでに「手遅れ」だったわけです。

「相手を怒らせないように」との不安から謝るのは、とても屈辱的。

でも、周囲の人に謝りながら進んでいくと、雑踏でも満員電車でも、不思議に気持ち良くスムースに道が開くものです。

ほめる

朝礼の「ほめ合いゲーム」で経営好転

企業研修では、朝礼で「1分間ほめ合いゲーム」をしてもらっています。ある飲食店では、初日に75歳の創業者が19歳の女性社員に「可愛いですね～」と言われて元気百倍。女性社員も、普段は接する機会もない創業者に励まされて感激していました。それ以来、業績も順調とのことです。

やり方は簡単。社員がペアを組み、互いに1分間ずつほめる。

ほめる人は、休みなくほめ続け、ほめられる人は口答え（抵抗？）しないのがルール。なぜなら「ほめる」は「ほめる側の度量」であり、口答えは相手の度量を否定することになるからです。最初は「そんなことないです」とムキになっている人も、1か月経つと「うれしい‼ 頑張ります～」と言えるようになっています。

「上司は部下をほめろ」とよく言われますが、上司1人が「ほめ役」だと、上司の心が干からびてしまいそうですね。だから、日替わりで互いに思い切りほめ合うのです。

ほめネタの仕入れ方

根拠はいりません。そもそも、あなたは他の人を評価する立場でもありません。「自分を信じる」

「自分を肯定する」ことに力を貸せばいいだけ。

だから、「この人のいいところは？」といちいち悩む前に、とにかく口に出してみましょう。

いつでも、どこでも、誰にでも、何度でも響く「魔法の言葉」は、次の３つです。

「いつも頑張っていらっしゃいますね」「すばらしいですね」「うらやましいです」

朝礼で「ほめ合いゲーム」を実践している企業では、実はこんな変化が生まれています。

「毎朝違う人をほめなければならないでしょう。業務中も積極的に相手のほめネタを探すようになりました。時々花を持ってきてくれる、あの対応はマネしたいなど、意識しなかったところが見えるようになりました。以前はミスや失敗の指摘が多くて暗かったのですが…」


「ほめる」「ほめられる」には、こんな効果が!!

・「これでいいんだ」という自己肯定感や自信が生まれる。
・気持ちにゆとりができて、他者のいいところを思いやることができる。
・「自分が大切にされている」と感じ、組織の目標にも前向きに貢献したくなる。

「若いヤツを根拠なくほめたら甘えるだけ」「叱られて育つヤツもいる」と言う経営者も多くいます。確かにそのとおり。

でも、今この瞬間に目の前の誰かの心を明るくすることができる強力なスイッチです。「面倒だからやらない」ための言い訳にはしないでくださいね。

会釈する・拍手する

会釈する

人のそばを通るときには必ず会釈。知っている人でも、知らない人でも。

ぶつかったら謝る。

知っている人に出会ったらあいさつをする。

これは、当たり前のこと。気がつけば誰でもやっていることです。

あなたがまっすぐに歩いているとき。

向こうから来る人が先に気づいて、ぶつからないよう進路を変えてくれているかもしれません。

あなたがエレベーターに乗り込むとき。

先に乗っている人は、止まる階で乗ってくるあなたのために場所をつくってくれたことでしょう。

だからあなたはまっすぐ歩き続け、スッとエレベーターに乗り込むことができるのです。

小さなきっかけですが、あなたの人間関係を広げてくれるのが「会釈」です。

拍手する

ベートーヴェンの交響曲第九番の合唱団員として歌ったときのこと。

直前になると、ソリスト（歌手）との合同リハーサルがあります。

合唱団がひととおり練習した後、入ってくるソリストを拍手で迎えるのが恒例です。

その拍手に、指揮者から「ダメ出し」が出ました!!

「そんな貧弱な拍手じゃ、本気の声は引き出せない。真剣勝負にならない」と。

手を少し内側に丸めて左手に右手をたたき付ける。

1秒間に二回以上の、怒濤のような拍手。こちらも汗をかいての真剣勝負。

指揮者は、本番に向けて全体の士気を高めていくため、そんなことも見逃さないのです。

会議で、誰かの発表が終わった後は、形ばかりのまばらな拍手。

おそらくどこでも同じです。

でも、あなたがほんの少し勇気を出すだけで、「真剣勝負」。

力いっぱいの拍手で、その場の空気はグッといきいきと前向きになります。

経験や知識がまだ十分にないとしても、拍手1つでしっかり役に立つことができるのです。

お姑さんとのつきあい方

知っていますか？　「役に立ちたい」という思い

シルバー人材センターでの研修に、先日小さなお子さん連れで参加した方がいました。お孫さんを預かる約束の日に研修が重なってしまい、受講生全員の許可をもらって連れてきたという経緯です。彼女はこう言っていました。

「嫁はピアノの先生。細かいことは何も言わず、週三回、私を信頼して任せてくれるのが嬉しい。だから私も嫁を応援したいと思うんですよ」

私は全国のシルバー人材センターで8000人以上の人と接していますが「忙しいお嫁さんの役に立ちたい」と考える人は意外に多いなと感じています。

それなのに、実際にはうまくいかないことが多いのは、嫁が「細かいことをいろいろ言う」ため？「これが私の教育方針」「これはさせないでほしい」とかたくなに言われると、面白くありませんね。たまには丸1日「完全にお任せしま〜す」と預けてみてはいかがでしょう。

信頼関係はそこから生まれるもの。

逆に、「これはいつもどうしているの？」と聞いてこられると思います。

そういえば、部下の育て方にも似ていますね。

手紙と誕生日カード

息子が生まれたとき、義母は私に言いました。

「3歳までは自分でちゃんと育ててほしい」と。

でも、私はその通りにはしなかった。「何かやらなくちゃ」という思いで再就職。息子は0歳。

義母はきっと、いい気持ちはしなかったことでしょう。

だから、ずっと気をつけていることがいくつかあります。

その１つが手紙やカードです。

夫を産んでくれたことへの感謝を書き続けました。何度でも。返事が来ても、こなくても。

つい最近、全部取っておいてくれていること、楽しみにしてくれていたことを知りました。

夫のことを敬語で話す

「先日送っていただいた大好物の○○を、とてもうれしそうに召し上がっていらっしゃいました」

「最近は体調がいいとおっしゃっていますよ～」など。

完全脱帽・絶対に張り合わない

義母は、とても料理が上手な人。84歳のいまも、現役税理士である父のために3食を整えます。

私ごときの出る幕ではありません。

きんぴらの味付けや切り干し大根の戻し方など、基本的なこともよく電話で尋ねています。

「何度言ったら覚えるの？」と言いながら、毎回うれしそうに教えてくれます。

そして30年。息子のお嫁さんを見て「お母さんに似た人を選んだね」「あなたは私の言うことを聞かなかったけれど、ちゃんといい子に育ったね」と一緒に笑い合う、大好きな人です。

行き違って落ち込まないための6つのステップ

あなたが上司を応援しよう

「言われたとおりにやったのに、後で叱られて落ち込んだ」という経験、ありませんか。

上司の指示を「間違いなく」形にするにはどうしたらいいのでしょうか。

「これ、すぐにあそこにしまっておいて」という指示について具体的に考えてみましょう。

前章で学んだように、今の組織の上司は、所属も価値観も違うスタッフの力を合わせて結果を出すという重責を担っています。

指示をちゃんと実行するのはもちろんですが、そのプロセスで「心理的にも余計なストレスをかけない」ことで、あなたが上司を応援しましょう。

返事

「はい」は「聞こえました」というサイン。ここを省略すると「聞いているのか?」「やる気あるのか?」と上司に秒速で小さな怒りが生まれます。

この時点では代名詞を特定しなくてもOK。「これって何ですか？　あそこってどこですか?」と問い詰めると、やはりイラッとくるものです。

復唱

「これ、すぐにあそこにしまっておくんですね」と復唱。ザワザワと慌ただしい環境では、あなたが「聞き違える」場合もありますから、「こう聞こえました」とすり合わせをします。

確認・確定

次に「代名詞」を「固有名詞」「数字」に換えていきます。コツは「これとは、赤いファイルですか？黄色いファイルですか？」「あそことは、第4キャビネットの2段目ですね」「『すぐに』ですが、10分後でもいいですか？」と、選択肢をこちらから提示していくこと。

上司に言葉で答えさせるのではなく、「ＹＥＳ、ＮＯ」を言うだけにしておくと、上司は心理的にとてもラクです。

実行

合意したとおりに実行します。途中で迷ったり、勝手な判断をしたりする必要がありません。

経過報告

当初の予定より時間がかかる場合は、途中経過を報告します。上司は心配していますから。「あれ、どうなってるの？」とあちらから聞かれるころには、たいてい上司は怒っています。

終了報告

終了したら、報告を。上司に「あれ、やってくれた？」と聞かれて「やったに決まっている。私を信用していないのか？」と思うのは、まったくの的外れ。上司のもとに、自主的に情報を集めるのがあなたの仕事。そうでなければ上司の仕事は前に進みません。

仕事で成功するのはどんな人なのか

上手に味方をつくる

ここまで読んできて、こんな疑問がわいたかもしれません。

「結局、上司や同僚や家族のご機嫌をとるってこと？」

「女性はやはり控えめでおとなしくしているほうがいい、ということですか？」

確かに、そんな時代がありました。

40年近く前。私が就職した「雇用機会均等法」前夜の時代です。

その当時の女性は、「職場の華」「意思決定の圏外」だったのですが、これからのあなたは違います。

あなたは仕事で人の役に立ち、自分を輝かせたいという目標を持っています。

そのために必要なのは「敵」でも「無関心な人」でもなく、上手に「味方」をつくっていくことです。

仕事で成功するタイプ

全米トップ・ビジネススクール「ウォートン校」の史上最年少終身教授であり、心理学者でもあるアダム　グラントの著書「GIVE & TAKE『与える人』こそ成功する時代」の中に、こんな分析があります。


「ギバー（人に惜しみなく与える人）」

「テイカー（真っ先に自分の利益を優先させる）」

「マッチャー（損得のバランスを考える人）」


この3つのタイプのうち、最も仕事で成功するのは誰だろう？


「ギブ&テイク」とは、この世の中を形成する当たり前の原理原則に思える。

しかしこれからの時代、その常識は果たして通用するのかどうか。

他人に優しくしていたら、厳しい競争を勝ち抜けない？　それは大きな誤解だ。

これからは、他者志向の思いやりの発想とコミュニケーションが仕事に大きな成功をもたらす。

ギバーの持つ力

コミュニケーションを通じて「ギバー」になることで、次のような力がついてくるといいます。

・大胆なアイデアでも、周囲に受け容れられる力

・進んで失敗を認め、柔軟に意思決定する力
・自分では難しいことでも適切なアドバイスを求める力
・燃え尽きない力
・潜在的なテイカーを見抜く力

「大きな自分」といつもつながっていよう

アダム　グラントは160名を超すプロのエンジニアに対しての調査から、「最も生産性の高いエンジニアはギバーである」ことを示しています。

一方で、「最も生産性の低いエンジニアもギバーである」とか。

どういうことなのでしょうか?

人生の「あり方」を自分で決める

カギは、「行為そのもの」ではありません。

実は、第3章の冒頭にあった「意識のあり方」にあります。

不安、恐れ、劣等感などの「マイナス」の状態でギバーをやると、テイカーの餌食になります。

また、何度与えても期待した見返りがないと怒りや被害者意識にさいなまれて、自分自身が強烈

なテイカーになってしまいます。

ギバーが成功者となるためには、喜び、安心、楽しいなどの「プラス」の状態でいること。見返りがある、ないに関わらず、常に誇らしい気持ちで自分の可能性を信じ、自信と希望を持っていることが大切なのです。

「大きな自分」とは

ピンチが来たとき、「困った」と落ち込むのではなく、「チャンス!!　私の出番」とワクワクする自分。

「何かいいことないかな」ではなく、「起きることをいいことにできる」と確信できる自分。

一生懸命に何かを考えても成果が出ないのではなく、何も変えたつもりがないのに考えてもいない結果が出る自分。

新しいお店のランチが「思ったよりよくなくてガッカリ」ではなく「美味しかった」という自分。

書類が山積みでウンザリ、ではなく「やりがいあるなあ」と感じる自分。

そんな自分になれるたった1つの方法。

それは「大きな自分になると、自分で決める」こと、でしたね。

何かが起こるたび、無意識で反応をしていると不安が募ります。

雨が降ったら、「服が濡れる」とか、電車が事故で遅れたら「遅刻する」とか…。

どんなときも「プラス」の状態であること、「大きな自分」であることを意識する。
そして、「大きな人」として自分の軸で決めたり、話したり、行動したりするのです。
「できる」か「できない」か、は考えないで。
まず勇気を出して「あり方を決める」ことです。

あなたは人を元気にすることができる

人を勇気づけたり励ましたりする

「大きな自分とつながる」とは、自分の心だけの問題ではなく、人を勇気づけたり励ましたりできること。日常の中で、私はこんなことをやっています。普通の人はやらないと思います。

でも、あなたと話すことで、誰かが明るい気持ちになるのなら、とても素敵なことだと思いませんか？

【赤ちゃん連れの母親に話かける】

特に電車の中では、赤ちゃんが泣くとお母さんはおろおろ…。なだめようとしたら、余計に大声になる。重い荷物を持って重い子どもを抱えて、泣きたくなるような思いでいます。「うるさい」と叫ぶ人、舌打ちする人はもちろん、無言の人を見ても「怒っているのでは？」と感じるそうです。

何しろ中高年の男性は、普通にしていても顔が恐いものですから。だから、私は話かけます。「いいお顔をしていますね。きっとお母さんの心が穏やかだからかな?」。照れる人、涙ぐむ人。さらにこう言います。

「こんな可愛いお顔を見せていただいてありがとう」。「本当によくがんばっていらっしゃいますね」。ベビーカーで電車の乗り降りをしている人を見かけたら、手を差しのべます。もちろん、お母さん1人でもできるのですが、「励ましていただいたようで、とても嬉しかったです」と言ってくださることがあります。

【駅でトイレ掃除をしている人に】

駅のトイレに入ると、中年女性が掃除しています。無表情ですが、動作がとても機敏。スポーツマンなのか、スクワットしながら右へ左へ。思わず声をかけました。

「カッコいいですよね」。「いいえ、とんでもない」と照れた後、彼女は満面の笑みで大きく手を振りながらこう言ってくれました。「行ってらっしゃいませ!!　いい1日になるといいですね」。

その日は私も、いつも以上に気持ちよく講演ができました。

「キレイにしてくれてありがとう」という仕事に対する評価ではなく、「お疲れ様」というねぎらいでもなく、彼女自身に賛辞を贈ったことで心に響いたのかもしれませんね。特に掃除は、心が落ち込みやすい仕事。あなたの励ましや賞讃のひとことで、ぐっと生産性が上がるものなのです。

【1人で散歩している老人男子に】

「いつもがんばっていますね～」と。

人暮らしの男性高齢者は、誰とも話さない日が多いというデータを見たことがあります。女性と違って、地域社会に溶け込むことが苦手なようです。

でも、話かけられたら絶対にうれしいはず。そんな人に、「見ていますよ」と伝えたいための言葉です。

【コンビニの店員さんに】

コンビニは、覚えるメニューがたくさんあります。ちゃんとやってくれるなんて、実はほとんど奇跡です。

「うわぁ～、すごいですね。よくこれだけのことを覚えていますね!!」「おでん入れるの、上手ですね」たいてい「そんなこと言われたのは初めてです」と言われ、「またどうぞお越しくださいませ」のマニュアル言葉にも魂が入るのがわかります。

【料理を運んできてくれた人に】

忙しいときには走り回り、運んでいる最中でも「ちょっと、早く来てよ」とすごまれる、大変な仕事です。あなたの「ありがとう」で、少しは元気が出るかもしれません。

第6章　家事はやめてしまっても大丈夫

「家事 ホンマかいな〇×クイズ」

①　家事をやるのは、愛する家族のためである。

「×」

では、家事をしないと、「冷酷?」「愛が足りない?」「母親失格?」そんなことないですよ。

「愛する家族のため」とヴェールをかけた母親世代はいま、「もうこりごり」とつぶやいています。

単に自分たちが心地よく暮らすための作業であり、その中には当然「あなた自身」も入るのです。

②　家事は、「分担」しないで「リストラ」する

「〇」

家中のすべての家事を書き出して、時間を計って、等分に分担して。

どうもワクワクしません。やらなくてもいいことをバサッと切り捨て、「選択と集中」でいきましょう。

③　食器洗い機は、手洗いよりも水道代がおトクである

「×」

水道代だけを比べるのはナンセンス。万一水道代や光熱費が余分にかかったとしても「あなたの代わりにやってくれる」ことだけで、食洗機には毎日拝むほどの価値があります。食器を手洗いするあなたの人件費はタダではないのですから。

④　夫が家事をやらないのは、あなたがやっているから。

「○」

あなたが主役として君臨している舞台に、普通の夫は上がってきません。

その上、おそるおそるやっても、「やり方が違う」などと言われたら、完全にやる気喪失…

あなたが「アテにできない人」になったら、不安で見ていられなくて、何かやり始めますよ。

「そんなわけにはいかない」というのは、あなたの思い込みです。

⑤　洗濯物はきちんとたたんで決まった場所にしまう。

「×」

せっかく太陽の下でパリッと乾いた洗濯物をわざわざ手間をかけてペシャンコにするのはなぜ？

「干したまま使えないか？」「そのための場所は？」と、常識を疑う逆転の発想で。

「やらなければならないから、どうやって手早くやるか？」ではなく「どうやったらやらずにすむか？」を考えるのがイノベーションです。

50代女性幹部が乗り越えてきたもの

九州で、4つの病院の合同リーダー研修に伺いました。男性も女性も、次世代を担うリーダーを早くから育成し、外部の目線を感じて自覚を持たせようとのねらいです。懇親会の席で50代の女性幹部の方々からある質問を受け、その話題で大いに盛り上がりました。

何だと思いますか？

全部背負った人だけが生き延びた？


「響城先生は、どんなご主人を選んで、こんなにのびのびしているのですか？」

「夫は、どうやったら家事をやるようになるのですか？」

「家事って、どこまでやればいいんでしょうか？」などなど。

私は、こう思っていました。

医療の世界や薬局では、もともと働く女性が多く、管理職にもなっています。

だから家族の理解も協力も当然あるし、仕事と家庭の両立のノウハウなどは業界の常識で、いまさら必要ないものだ、と。

でも、違ったようです。

キャリアを積んで管理職になられた女性幹部の方々でさえも、こう言っていました。

「自分のほうが先に昇進したので、夫に申し訳なくて…」

「食事をつくれない日が続くと夫の機嫌が悪くなる」

「ご近所から、子どもがかわいそうとよく言われた」

「夜中に掃除、洗濯をしていたら、今でも倒れそうになる」

「バタバタして食器を割ったときは、本当に落ち込んだ」

「母親がやっていたとおりにできないことがあると、手を抜いている気分になってしまう」

「もっと早くこの話を聞いていたら、無駄なエネルギーを使わずにすんだのに…」

「幸運」で終わらせてはいけない

そう、「無駄なエネルギー」、まさにここです。

この日にお会いした幹部の方々は、「家族ストレス」に心身をすり減らしながらも、何とか自分で解決して、ずっと仕事を続けて来られました。健康に恵まれていたり、自身の母親が近所にいて助けてくれたり。

「私は幸運だったから何とかやってきました」と言います。

残念なことに、身体を壊した方も、途中で辞めた方もいるそうです。

では、サポートのための制度が整ってきた若い世代はもっとラクなのでしょうか。

若い心を不安で曇らせないで

やってもいない「家事」がブレーキに…

女性活躍の最先端を走る大企業の女性ダイバーシティ室長から一通のメールが届きました。

「男女の役割分担が根深くネックになっていると感じます。女性が家事・育児を引き受けるべきだと女性自身が思っていて、結婚して子どもができたら両立は無理、とあきらめているのです」

若手総合職女性(独身)を対象に研修を実施することになり、事前にアンケートをとりました。

「家事・育児と両立してキャリアアップしたいですか?」と尋ねると、「したくない」「したいが無理」と答えたのは、なんと65%。衝撃の事実でした。

こんな不安は吹き飛ばそう

「どんな不安がありますか?」という問いには(複数回答可)

- 「家庭でも職場でも周囲に迷惑をかける」63%
- 「仕事と家事や育児をやると自分の体力が心配」60%
- 「家事のスキルが足りない」13%
- 「職場でイヤな顔をされそう」30%

・「実家が遠くて援助が見込めない」30％
・「周りに両立している人がいない」20％
一生懸命に駆け上がっているつもりなのに、実は下りのエスカレーターに乗っているような感じ。上りのエスカレーターに乗り換えれば、つまりこれらの不安を解決できたら、仕事にもっと安心して楽しく全力で取り組むことができるのに。そして、辞めずにすむ人もいるはずです。

女性が活躍するための制度設計や職場の環境整備は、もちろん大切なことです。

でもその前に、優秀な女性たちほど強く持っているこの思いを解決しなきゃ、と感じました。

「仕事をするなら、家事・育児をきちんとやらなければ」

「器用ではないので、両立できない。周りに迷惑をかけちゃいけない」

家事のやめ方

室長と話し合い、研修のタイトルは「家事のやめ方」に決めました。

「家事のやり方」ではありません。

いま、彼女たちが不安を吹き飛ばして元気になるように。いちばん伝えたいメッセージ。

心配しないでも平気。絶対に大丈夫だから。何とかなるから。

研修後に同じ質問をしたら、「キャリアアップしたくない」「したいが無理」は65％から30％に半減していました。

そもそも「家事」ってどんな仕事？

では、彼女たちがそれほどに不安に感じる「家事」とは、どんな仕事なのでしょうか。

内容は「掃除」「洗濯」「料理」「買い物」「育児・介護」「家計管理」などです。

賽の河原で石を積むような三重苦の仕事

家事には、報酬がありません。

家事には、終わりがありません。

家事には、評価されることがありません。

さて、こんな仕事がほかにあるでしょうか。

リストラされた窓際の仕事にも報酬はあるし、サービス残業にだって、終わりや評価がある。

こんな仕事を睡眠時間を削って健全な精神で明るくこなし続けることができるでしょうか？

家に帰ってからのことを考えると気が滅入る。やっているとだんだん腹が立ってくる。

当然です。

できないからといって、あなたの努力が足りないわけでは絶対にありません。

「家族のため」なんてカッコつけていないで、「こんな仕事」という現実。

ここからスタートすれば、景色はガラリと変わって見えてきます。

身体より心が疲れる仕事

情報過多な社会となり、家事は以前とは比較にならないほどむずかしくなりました。

選択肢が多すぎると、選ぶことは「楽しみ」を超えて「苦痛」になります。

しかも、介護や教育では「まだ他にいい方法があるのに、なぜ探さないの？」と自分が責められているような心の痛みを感じることも。

単純な肉体労働は確かに減りましたが、自己責任で「最適な判断」を迫られることばかり。

しかも、ネット上では情報が飛躍的に増えて、いつまでたっても不安をかき立てます。

自信を持って決めることができず、決めた後でさえも「本当にこれでよかったの？」と不安が消えません。

「保険はどんな種類をどの程度掛ければいいのか？　ローンはどこで借りると有利か？」

「子どもにはどの予防接種をいつ受けさせるか？　受けさせないほうがいいのか？」

「このシミや汚れはどうやって取る？　素材は傷つかないか？」

「食材はどこが安い？　無農薬はどこのものがいい？　国内産は絶対に安全？」

ところが男性は当事者ではないのでこの変化を身体で実感できず、こう言うのです。

「もっと不便な時代に、おふくろたちはちゃんとやっていた」。

「お前、手を抜いてない？」

家事分担必勝法その1　「きちんと」より「ま、いいか」

お互いの言い分

「何でいつも私だけがやるの?」

「ゴミ出しなんか家事と呼べないわ」とイライラ。

「キリのいいところまでやらなくちゃ」と寝不足でフラフラ。

「あれもこれもできていない」と落ち込む。

子どもが一生懸命にお手伝いをしようとしてくれているのに、落として割れた食器を片づけながら「余計なことしないで!」と怒鳴って泣かせてしまった後に自己嫌悪…

一方で、夫のこんな声も。

「何でそこまでカリカリやるのかなあ…」

「わざわざ手伝ってあげたのに、文句言うならもう絶対にやらないぞ」

「仕事が忙しくて、できないよ。イクメンなんか、暇なヤツがやってるんだよ」

せっかく一緒に暮らすのですから、お互いに楽しい時間を過ごせるように、この問題を何とかスッキリさせたいですね。

結果には目をつぶる

現状では、「家事分担」を言い出すのは女性です。
男性は及び腰でおずおずと、あるいは恐る恐る、時にはイヤイヤ家事をやり始めます。
そのときに気をつけたいのは、「評価の方法」です。

・「すみに汚れがいっぱい残っている。窓ガラス磨くってそういうことじゃないよ」（減点法）
・「そのやり方は逆。こっちが先に決まっているじゃないの」（自分のやり方にこだわる）
・「どうしてもっと早く注文しなかったの？」（結果が出てからの叱責）
・「だから『そっちじゃない』って言ったでしょ？」（ダメ押し…）

何だか、イヤな上司のようで、聞いているだけでウンザリ。
夫も、さぞかしやる気をなくしたことでしょう。
「もう二度とやらないぞ」と決心しましたよね。きっと。
やってくれただけもラッキー。
「ま、これぐらいでいいか」と結果には目をつぶりましょう。
あなたが「気になる」というレベルを相手に合わせてどんどん下げる。
「少々のことは気にならない自分」に生まれ変わる。
頑張りどころは、ここなのです。

家事分担必勝法その2　プラス家事とマイナス家事

理想の「家事分担」なのに不公平

家事は、人が生きていくための大切な仕事ですから、本当にバラエティ豊かです。会社でいえば、生産、総務、経理から人事、営業、教育、資材購買、開発まで。

我が家でやっている家事を全部書き出して、かかる時間も書き出して、それぞれがきっちり平等になるように「分担表」をつくる、という「賢い」ノウハウもあるようですね。

確かに合理的のように見えますが、ちょっと待って。家事にはプラス系とマイナス系があることを知っていましたか？

・ゼロから創造する「クリエイティヴ系」と、マイナスをゼロに戻す後始末の「メンテナンス系」
・楽しい仕事と、楽しくない仕事
・レシピがあるものと、レシピ通りにやってもうまくいかないもの
・成果が明確に見えるものと、見えないもの
・人にほめられるものと、気づかれないもの
・気が向いたときにやるものと、義務でやるもの
・やりたいことと、やりたくないこと

料理、お菓子づくり、ガーデニング、花を飾る、育児などは前者のプラス系。

部屋の掃除、片づけ、修理、洗濯、シミ抜き、おむつや病気の世話などは後者のマイナス系。

プラス系はレシピを増やして楽しむことができますが、マイナス系は友人と情報交換したり、ネットで調べたりしてもうまくいかなくて、かえって悩みが増えるだけです。

テレビ番組で「風呂の鏡の白いシミは新聞紙で落とす！」とあったのでやってみたけれど落ちない、と悩む…。鏡の状態や使用年数、水質が違うから当然なのですが。

「得意なほうがやる」ではダメな理由

これは「好き」「嫌い」や「得意」「苦手」などの個人の感覚とは別次元の、仕事の持つ特性。

しかも、やりがいや達成感など「心」に影響してくる部分です。

これを考えずに単純に「分担表」をつくると、割り切れない気持ちが残ります。

「ダンナって、いいとこばっかり取っていない？」「目立つことしかしない」など。

イクメンパパが保育園にお迎えに行き、買い物をして、ご飯までつくってくれても手放しで喜べない」のは、後片づけをしているあなたのワガママなのではなく、ちゃんと理由があるのです。

マイナス家事を互いに押し付け合ってケンカしていては、時間も心ももったいないと思いませんか？

「リストラ」「機械化」「外注化」を考えましょう。

家事分担必勝法その3　家事リストラ大作戦

家事はやらなくてもいい？

「働き方改革」、中でも「生産性の向上」が注目されていますね。企業もいよいよ本気。もはや、個人レベルの「熟練してスピードアップ」などではなく、「業務リストラ」「設備投資」「外注化」の段階に入っていることに気づいていますか？

働くあなたは、家事だって同じように「生産性向上」を考えてみませんか。

「がむしゃらに寝ないで頑張る」「手早くやる」「手抜きする」のではなく、機械化する。

そして「この仕事は本当に必要か？」と見直して、聖域なきリストラ。

着眼点は、習慣、思い込み、母親が「心をこめて」やっていたことなどです。

自動食洗機、自走式床掃除機、自走式床拭き掃除機、自動調理器具。

洗濯物の干し場を確保して、たたまず吊したまま使う。

自動食洗機はマスト。これから新生活を始めるなら、食器は食洗機に効率よく入ることが最優先。

金縁のついた大きなブランドもの、小鉢や塗り椀など複雑な形のものはNG。

浅めで割れにくいお皿を大・中・小とそろえましょう。

時間という「価値」を生み出す

現状では難しくても、あきらめることはありません。

古い食器は一掃。買い直すことができます。

自動調理器具を上手に使えば、かさばる鍋も数が減ります。

床を張り替えて、自走式床掃除機がのびのび走りやすいようにフラットに。

キッチンや洗濯機回りのリフォームも積極的に考えましょう。

「ぷちリストラ」では、こんなことも。

・パスタ、調味料、お菓子などを専用容器に移し替える　↓　輪ゴムでしばってしまう
・風呂の椅子にこびりついた汚れをこする　↓　買い換える
・各部屋のゴミ箱の中身をとりまとめる　↓　ゴミ置き場はキッチンに一か所だけ
・流し台の三角コーナーに調理中のゴミを入れる　↓　新聞紙の上で皮を剥き、包んで捨てる

ある会社では、トイレをオフィスの近くに移転させたそうです。

一時的に工事費用がかかっても、将来にわたって貴重な「時間」を生み出してくれるからです。

あなたの母親の時代、家事は無償の仕事でした。

だから、食洗機には「手洗いよりも水道代が安い」「高温殺菌で清潔」などの付加価値があってもなお、「サボっている？」という後ろめたさを感じたようです。

でも、あなたの人件費はタダではありません。代わりにやってくれること自体が価値なのです。

家事分担必勝法その4　期待値を上げない

ニューヨークのゆるさに学ぶ

クレームって、どんなときに出ると思いますか？

ものやサービスが、顧客の持つ「期待値」を下回ったとき。

どんなに頑張っても、心を込めてやっても、プロセスはあまり関係がありません。だから、家事分担では、「夫の期待値を下げておく」ことがポイントです。

特に新婚時代は、「彼に何でもしてあげたい」と舞い上がってしまいますが、実は「夫の家事に対する期待値の初期設定」の大切な時期。ここで絶対に頑張らないで。まして背伸びをしては、後が大変。

「あれ？　家事、上手じゃないんだ」「ボクもやらなくちゃいけないかも…」と認識してもらうことにこそ全力を尽くします。

しつこいですが、スタートダッシュならぬスロースタート、を忘れないでください。

ニューヨークに行って、面白かったことがあります。

地下鉄は古い、汚い、暗い、よく遅れる、ひどく揺れる。古い改札機は感度が悪いのか、2回に1回しかうまく通れない。カフェも古い、汚い、ポテトが皿からはみ出し、ボーイは呼んでもなかなか来ない。雑に皿を置くので大きな音がする…

あまり怒っている人がいないのは「こんなものだ」と最初から思っているからでしょう。

「ボクのごはん」を心配する夫を育てたのは誰？

でも、残念ながら多くの優秀な女性は、その逆をやってしまいます。

無理してでも料理を3品つくり、洗濯物をキレイにたたみ、掃除して花を飾って、日用品を買い足して家計簿をつけて、健康管理まで。そのうえ子どもの塾やお稽古事の心配。

実は倒れそうなほど頑張っているのに、夫から見たら「それが当たり前」という状況をわざわざ自分でつくってしまっています。

夫は、あなたが「なぜ手伝ってくれないの」と爆発寸前でいることなど気づきもしません。

「母親と同じ女性だから、当然できるでしょ」ぐらいに思い、そしてこう言います。

「熱があるの？　困るなぁ…。ボクのごはん、できてないの？」

「最近、掃除に手を抜いているみたいだね」

「母親だろう、もっとしっかりしろよ」

残念ながらこれは、先を読めず「よい妻」になることに血道を上げてしまった妻の「戦略ミス」。

すでに期待値を上げてしまっている人は、病気、ケガ、子どもの行事などの「やむを得ないとき」を利用して、ご飯を作らない、洗濯物しない日をつくってみましょう。今すぐに。

家事分担必勝法その5　過大評価

謝りまくる

「期待値を下げる」とはいえ、多くの男性は「家事は女性がしてくれるもの」と期待しています。

武蔵野大学講師の舞田敏彦氏が総務省の「社会生活基本調査」から共働き夫婦の家事・育児の平均時間を割り出した調査によれば、夫の家事分担率は、末子が0歳でもわずかに15％弱。3〜4割という他の先進国に大きく引き離されているのが現状です。

ごはんが出てこないことを「当たり前」とも思えないし、「バカにされた」と感じることも。

自分で料理をしながら「みじめ」と落ち込む人もいます。

まして、平常心で妻のパンツを干すことができる人、いるかなぁ…。

だから、第4章で書いたように「謝る」ことは忘れないほうがいいと思います。

もちろん、あなたが悪いことをするわけではありません。

でも、相手が期待していることをしていないときに堂々と開き直ったら、それは「宣戦布告」。

ケンカになったら、相手はまったく聞く耳を持たなくなるでしょう。

根気よくジワジワと、ご機嫌をとりながら相手の期待値を下げ続ける。

再就職から25年以上を経て、私は「え？　今夜はごはんをつくるって？　どうしたの？」と夫に言われる地位を獲得しました（笑）。

ほめまくる

「期待値を下げる」作戦が順調に進むと、相手が「じゃ、自分でやるか」という段階に。

ここで最後に忘れてはいけないのが、「ほめまくること」。

「こんなのは、できて当然。簡単なことだから」「私はずっとやってきたから」

「ごはんつくるって、後片づけもすることなの。つくるだけじゃダメなの」

そんなことを言ったら、せっかくのやる気が音を立ててしぼんでしまいます。

「うわぁ〜、すごい!! 上手だね。ビックリした!!」

「こんなこと、私にはできないな〜」

言葉にするほうも気持ちがいいものです。もちろん、盛大な拍手で。

家事分担は、あなた自身が「家事上手な妻」という称号を返上したときに成功するようですね。

家事はどこまでやればいいのか

家事のために家族がいる？

あまりに当たり前すぎて、あまり考えないのが「家事の目的」。

私は、「家族全員が心身ともに快適でいられるための最低限の段取り」だと考えています。

主役は、そこに住む「人」。家でも、食器でも、食材でも、家電でも、洗濯物でもありません。

それなのに、なぜか逆転。家事をきちんとやるために家族がモメてしまっています。

身体がつらかったり、心がイライラしたり、言葉がトゲトゲしたりする。

それでも家事をやる。しかも、家事ができないから仕事を辞める？　なんでそこまで？

実は、そもそも設問の仕方が間違っていることに気がつきました。

「仕事と家事の両立」ではなく「働く夫が、妻が、現実的に家事をどこまでできるか」。

「人数」「時間」「体力」「気力」「資金」という経営資源は、無限にあるわけではありませんから。

「家事・強制終了」のチェックポイント

「あれもこれもできていない」とイライラしていませんか。

睡眠時間が連日4時間を切っていませんか。

酔って遅く帰ってきた夫が「ごはんいらない」と寝てしまったら、殺意を覚えませんか？

夫が恐る恐る家事をやっているのに、さらに不満をぶつけていませんか。

「手伝うのではなくて、頼まれなくても主体的にやれ」

「食器の洗い方が雑。洗濯物のたたみ方も、いつも間違っている」

「子どもと一緒に遊ぶのは、うんちのおむつを自分で取り替えてからにして」

子どもに八つ当たりしていませんか？

「何でいつもおしっこをまき散らすのっ？　何回言ったらわかるの？」

「ほらほら、だからこぼすよって言ったでしょう？　言うこと聞きなさいっ」

正しいです。頑張っています。でも、コワイ。あなたもつらくて、家族もビクビク凍り付く…。

家事は、眉間にシワが寄ったら強制終了。

そして、ニコニコ笑ってできる範囲は、人によって違うもの。比べる必要はないんですよ。

家事をやめてみませんか

働く女性は家事を「やめる」こと

「男性も家事をやるべき」という前にできること。それは「女性が家事をやめる」こと。

家事は、あなたがニコニコ笑ってできるところまで。

家族がどれだけ無反応でも、やった仕事が報われなくても笑って済ませる範囲まで。

「あら、ごはん食べないの？　残念!!　たまに料理すると頭がスッキリして楽しかった〜」

「母親らしい気分を味わわせてくれてありがとう」など新鮮な気分でいられるところまで。

「私ばっかりで、あなたは何もしない。ずるい」

「ご飯いらないのなら、ちゃんと電話してよ。何でいつも遅くなるの？」

こんな怒りがわいてくるなら、きっとその限度を超えているのです。
どんなに栄養バランスがよくて美味しい食事が用意されていても
どんなに家中がピカピカにきちんと磨き立てられていても
どんなに子どものお稽古事や受験に一緒に走り回っても
家族にとって、ずっと不機嫌な顔をした人がそばにいるストレスは計り知れません。

気にしているのはあなただけ？

女性に「なぜ家事をやるのですか？」と聞いてみたら、こんな答えが返ってきます。

「え？　だってやらなければならないから…」

そうか、そう思い込んでいるから、キャリアの夢を自由に描くことをためらっていたのね。

病気のふりしてでもいい、試しに一度やめてみるといい。実は何とかなるものです。

あなたがやるから、誰もやらない。あなたがやめたら、きっと誰かがやります。

それでも誰もやらないならば、その仕事はもともと必要なかったのです。

Tシャツをいつも裏返しのまま洗濯機に入れる夫に、いつも注意していた妻がいます。何度言ってもオモテに直してくれないので、ある日、裏のまま洗いました。なんと夫は文句も言わず、自分でヒョイと表返して着ています。え？　それでいいの？　妻は目がテンになったとか。

第7章　ご機嫌お掃除・片づけ術

「お掃除ビックリ」○×クイズ

① 家族がいないときに掃除をする。

「×」

「人がいないほうが効率的だから」「バタバタして迷惑がかかるから」と考えますよね。でも、逆です。掃除は「やっても評価されない」マイナス家事。やっている姿をみせることが大事。時には、少し辛そうな仕草をしながら。

「意外と大変そうだな」と感じれば、家族も手伝うきっかけに。ただし「そこ、ジャマだからどいて」はダメ。「ごめんね。せっかくの休日に」と謙虚（？）にやるのがコツです。

② 丁寧に心を込めてやればキレイになる。

「×」

確かに、家中を隅々まで丁寧にやればキレイになりますが、そんな時間はありません。それよりも、「丁寧」という名の「繰り返し」をやっていませんか。

何度も拭く。何度もこする。丸く拭く。元の場所にまた戻る。疲れる…。

汚れに直行、一発で仕留めることができれば時間も体力も節約。グッと生産性が上がります。

③　**ホコリでは死なない。**

「○」

「あれもこれもやらなきゃ」「掃除もきちんとしなきゃ」と煮詰まったときには、お守りのようにこの言葉を思い出してください。

心が落ち着いたら、この章で「忙しくてもキレイに暮らすコツ」を学びましょう。キレイな空間はあなたの心を整え、前向きな力を生み出してくれますよ。

④　**カビを見つけたら、カビ取り剤をかける。**

「×」

カビやぬめりなどのひどい汚れも、表面は柔らかいものです。洗剤不要、シャワーでこすれば落ちるのです。カビ取り剤を使うのは、その後。量も少なくてすみますから。

⑤　**今年の年末こそ、大掃除をしよう!!**

「×」

ガンコな汚れは「熱」に弱いので、寒い時期は大掃除には向きません。

トライするなら、夏。

汚れもトロンとゆるんでいます。

掃除が苦手なのは、あなたのせいじゃない

掃除が苦手には理由がある

ある企業が「忙しい主婦の家事事情」という調査で「誰かに代わってほしい家事」を調べた結果、「部屋の掃除」（58％）、「水回りやバス、トイレの掃除（47％）が上位に上がっています。

全国のシルバー人材センターで研修をしていますが、ベテラン主婦に「お掃除が得意な人は？」と尋ねると、ほとんど手が上がりません。高齢になっても、料理やガーデニングが好きな人はたくさんいるのに。

しかも、必ずセットでついてくるのが「恥ずかしいんですが…」「本当はちゃんとしなければいけないのですが…」「手抜きしていて…」「ズボラで…」というセリフ。

いつも心に引っ掛かっているようで、掃除の話になると顔が曇ります。

「掃除が苦手」には、ちゃんと理由があります。あなたが自分を責めたり恥ずかしがったりする必要はないのです。

環境の変化や社会の動きから見ていきましょう。

【時間がない】

昔の専業主婦はしっかりと時間をかけてひととおり掃除していましたが、働く女性にはむずかし

いことですね。汚れをそのままにしておくので、乾いて固まって重なって、どんどん複雑な構造になります。

【体力が必要】

大型バスタブを磨けば汗だく。大きな窓ガラスは全身運動。天井、照明器具、エアコン、換気扇などは上を向くつらい作業。バルコニーを磨いた翌日は筋肉痛。掃除は、最も体力が要る家事です。しかも高い所は脚立に乗り、危険ととなり合わせです。

【汚れが複雑】

「汚れのお悩みワースト３」は、カビ、油汚れ、水アカ。それぞれ「菌」「酸化」「アルカリ、固化」という違う性質を持ち、単純には退治できません。

【建材が複雑】

「水で拭いていいい？」「少しこすったら傷ついた」「洗剤のシミが消えない」と悩んだことがありませんか？　美しいけれど手入れが難しい高級な建材が使われることが多くなっています。

【モノや情報が多い】

モノが多いと掃除しにくくなるうえに、掃除する場所も増えます。「掃除する気にならない」というのも見逃せないポイントです。

「こうしたら汚れは落ちる」という情報は多いですが、そもそも汚れの付き方も建材も家によって違うため、マネしてもうまくいかないことがあるのです。

「掃除嫌い」を乗り越える、掃除道具のひと工夫

どんな道具をそろえるか

「掃除道具をまとめて置く場所を決めている」という家は多いですね。でも、実はこれが「掃除したくなくなる」「掃除は面倒」という気分になる原因の1つなのです。

2階で目立つホコリに遭遇してしまった時。わざわざ1階の掃除道具置場にきちんと収納されている掃除機を取りに行こうと思うでしょうか。「後でやろう」「次の週末に」と思って、しばらく心に引っ掛かっています。そのまま忘れてしまうこともあります。

2階にも小さな掃除機があれば、思い立ったときにサッと済ませて、ラクちん。「後で、ちゃんと」より「今、ちょっと」。

どんな道具をそろえておけばいいのか、お教えしますね。百均に直行!!

いまどき便利なお掃除道具たち

①マイクロファイバークロス

タオルに比べて繊維が細く、油汚れもかき取ることができます。レバーや蛇口などの金属部分をこすると、ピーリング効果でキラキラと輝きます。

②メラミンスポンジ

スポンジに比べて気泡が細かく、油汚れをかき取ることができます。洗面台、流し台など、ピカピカになります。

③歯ブラシ

使い古しの、毛が広がっているものがいいです。タイルの目地、素材の境目などの凹凸部分をこするとスッキリきれいです。リビングには毛足の長いサッシブラシがあればソファなどのホコリを払いやすくて便利です。

④ポケットティッシュ

これでサッと床を拭くと、思いがけず、たくさんのホコリが取れるのでビックリ!!

動きたくなる気分を生む「仕組み」づくり

この４点セットを家中のあちこちに置いておきます。

・洗面台の下　・トイレの棚の中　・キッチンの流し台の下
・キッチンのレンジ台の下　・食器棚の中　・脱衣場の棚の中（バス用）
・リビングのテレビラックの中　・ベッドサイドの引き出しの中　・階段のそばの棚の中

掃除道具は、すぐに汚れるので、値段の安いもので十分。百均で「30分以内」と決めて選びましょう。掃除道具以外にも、化粧ブラシ、料理用ハケ、絵筆なども思わぬ効果を発揮してくれます。

彼氏から「キレイな部屋だね」と言われる5つのポイント

どちらの「キレイ」がおトク？

久しぶりに会った人から言われたら、いちばんうれしい言葉。「なんだか、前よりもキレイになったね」

年齢を重ねても、洋服やメイク、髪型を変えるだけでグッと若々しくなります。実は、お部屋も同じ。新築でなくても、簡単にできてグッとキレイに見えるコツをご紹介しましょう。

部屋に入った人が「あら、キレイ」と思うとき、実は「キレイ」には2種類あります。

【①「汚」→「清」】

掃除機をかけたりキッチンを磨いたりして汚れをせっせと落とすことです。でも、疲れます。元々汚れていたことを知らない人には努力を認められないという弱点も。

【②「乱」→「整」】

乱雑に散らかっているものをサッと整えるだけで美しく見せ、手間も時間もかかりません。

乱→整の法則

ここでは、この②の法則を紹介します。来客時には便利なチェックポイント。ホテルのルームメイキングで使われているものです。

①光

取手やレバーなどの金属、一輪挿しや目覚まし時計などのガラス、家電やスイッチプレートなどのプラスチックをマイクロファイバークロスでピカッと磨き上げます。軽く息を吹きかけてから磨くと、いっそうキラキラ光ります。

②余分な線を消す

布で覆う、扉を閉める、クッションのシワを伸ばす、柄面より無地面を見せる、コードは束ねる、コードはテレビの後ろに巻き込む、モノは棚の中にしまう、家具や本棚の本は前のラインをそろえる、畳んだタオルでは布の「端」ではなく「輪」を見せるなど。

③角度

置いてあるモノを縦、横、高さともに90度にそろえます。傘立てのカサは、直立させる。テーブルの上の書類をそろえる。マット、冷蔵庫に貼ったメモのめくれを直す。蛇口やシャワーヘッドは真直ぐセット。写真立て、洋酒ボトル、化粧品などは45度の角度で置くとおしゃれ感。

④美白

白っぽいモノを拭くと「清潔」という印象がグッと強くなる。スイッチプレート、ポット、冷蔵庫、洗濯機、棚扉など。木目や色の濃いものはあまり「キレイ」には見えません。

⑤広場

モノを端っこに寄せたり積み上げたりして、真ん中に広場をつくる。広場が大きいほどスッキリ見える。ダイニングテーブル、洗面台、調理台、床、玄関の靴脱ぎ場など。

プロみたいに窓ガラスを輝かせる「あるモノ」とは

家事上手なドイツ人の楽しい合理性

あなたは窓ガラスを磨くとき、スミやレールの汚れまで見逃さずにとことんやる人ですか。それとも、真ん中だけ磨いて「うわぁ、キレイになったー」と手を叩いて喜べる人ですか。お掃除セミナーでこの質問をして手を挙げてもらうと、圧倒的に前者が多いです。

そもそも、こんな質問自体が成り立ちません…。

「プロのくせに何を言ってるの?」

「ガラスを磨くというのは、そこまでやることを言うのよ」

「真ん中をキレイにするなんて、子どもでもできるわよ」

「真ん中だけ」と言うと、もう、恥ずかしくて手を挙げられない雰囲気…。

ドイツにいた友人から、「大家の奥さんのアイロンがけに感動!」と、こんな話を聞きました。

「ワイシャツは、上着やズボンで隠れる袖や背中やスソはかけない。だから、鼻歌を歌いながらあっという間に終わるの」。笑いつつ、上着を脱がないならそれで十分だなと妙に納得しました。

「全部キチンと」って、正しいけれど自己満足なのかもしれません。

忙しいあなたは、まず「何のためにどのガラスのどこを磨くのか」作戦を立てましょう。

ガラスをキラキラ輝かせるものは

休日に家族が集まって食卓を囲む、リビング正面の窓。朝日を浴びる寝室の窓など。ここがキラキラと輝いていたら、とても気持ちがいいですね。でも、じっと見るわけではありません。

左右の端はカーテンで隠れます。足元にはあまり視線がいきません。

だから、ちょうど目の高さにあたる中央部だけでＯＫ。束ねたカーテンはふんわりと左右対称にバランスよく。

ガラスをキラキラと輝かせるには、ちょっとしたコツが。

からぶきに、「新聞紙」を使います。

砂ボコリがひどいときは、濡れたタオルで何度も拭いて。

ダイニングや駐車場のそばなどで油っぽい場合は食器洗い用の洗剤でクルクル磨いて、泡を切って。真水になるまで何度も丁寧にすすぎ、最後は新聞紙をつかんで濡れたガラスを軽くワシャワシャ。キラキラと輝くのは、インキにワックス効果があるためです。

風呂上りで濡れた鏡も、湯気で曇った洗面所の鏡も、新聞紙でワシャワシャ。

雨上がりで、汚れがゆるんでいるときがいいタイミングです。

目ざせ「掃除時間ゼロ」プロのスゴ技「ちょこちょこ掃除」

ちょこちょこできる方法を考える

「掃除する時間をつくろう」これは、無理です。何度決心しても。なぜなら、楽しくない。やり方がわからない。うまくいく自分がイメージできない。だから、まとまった時間をつくろうとしないで、ちょこちょこできる方法を考えましょう。

【バスルーム】
・トリートメントの待ち時間に、歯ブラシで排水口の回りをこする。
・体にボディーシャンプーをつけ、なじませている間に歯ブラシで壁の目地を1～2本こする。
・体のボディーシャンプーを洗い流したら、歯ブラシで床の目地を1～2本こする。
・体を拭いた後、バスタオルで鏡の表面を拭く

【洗面所】
・歯磨きしながら、反対の手で洗面台の周りをサッと拭く。
・歯磨きしながら、ぬらしたティッシュペーパーで壁の歯磨きハネを拭く。
・歯磨きしながら、スイッチプレートの上部のホコリを指で落とす。

・顔をすすぎながら、ぬらした歯ブラシで蛇口のボディーと根元をこする。
・顔を洗い終わったら、古い歯ブラシで排水口の周りをクルッとこする。
・化粧の後、ティッシュペーパーで床に落ちた髪とホコリをさっと拾う。
・洗濯し終わった洗濯物をバケツに移しながら、洗濯機の上のホコリを払う。

【トイレ】
・体の向きを変える前に、ペーパーを30㎝切り取り、床のホコリを集めて捨てる。
・用を足して流しているとき、柄付きブラシで便器の内面をサッとこする。
・縁の奥まった部分は、ブラシの先を押し込むようにしてこする。
・タンクの上部が手洗いの場合は、流れている水を両手ですくってかけながら軽くこする。

【キッチン】
・冷蔵庫を開けるときはぬらしたフキンを持って行き、取り出している間にその周辺をサッと拭く。
・野菜を流水で洗うときに、歯ブラシで蛇口のボディーと根元をこする。
・炒め物しながら、熱くなったレンジ周辺や横の壁をぬらしたフキンでサッと拭く。
・ヤカンでお湯を沸かした後、ゆるくしぼったタオルをしばらく乗せておき、５分後に軽くこする。
・パスタの茹で汁を流しながら、歯ブラシで排水口の部分を軽くこすり、水を流す。

他にも、
・テレビ見ながら、周辺のホコリをティッシュペーパーで払う。

・電話しながら、床をクイックルワイパーで拭く。
・パソコン入力に疲れたら、キーボードやディスプレイをチークブラシでなでなで。
苦手な掃除は「ながら・ついで」でいきましょ!!

実は初めて教わる「拭き掃除」の基本と裏ワザ

あなたは、拭き掃除をするときに「まっすぐ」をちゃんと意識していますか。グルグル円を描いていませんか。

ここでは、ちょっと古風（?）に「拭き掃除の基本」をお伝えしましょう。

「拭き掃除」の本当の意味

中華料理屋さんのテーブルで、目の前で元気なおねえさんが、力いっぱいガーッと拭いてくれたのに、手をつくとベタついてガッカリ、というのもよくあることです。

「拭く」と「キレイになる」の間には、何があるのか?　答えは2つです。

①　固くなった汚れを水でふやかすこと。
②　固形の汚れ（ホコリ、砂など）を運び去ること。

①で注意することは、何度もすすぐ、ということ。タオルの同じ面で一度拭いただけでは、汚れ

はゆるんだだけ。このまま乾くからムラになります。油汚れには少量の洗剤を使うのもポイント。

②では、テーブル、洗面所やトイレの床などはグルグル円を描くと、ホコリ、髪の毛や繊維くずがあちこちにまき散らされて…。「拭いたのにザラザラ」という悲劇がこうして起こります。

ムダなく美しい動きで疲れ知らず

・薄手のタオルはわしづかみにせず、手の大きさ程度にきちんと四角くたたむ。
（一般的な温泉タオルの大きさなら、八つ折りです）
・はじめはゆるく絞って（水分たっぷり）、直線ひと筆書きでゆっくり進む。
・部分的にガンコな汚れがあるところは、人差し指でゆっくりこする。
・肩幅ぐらいで折り返して往復。（肩を中心にワイパーみたいに広く動くと疲れます…）
・一往復ごとにタオル面をひっくり返してキレイな面を出す。
・二回目は少し硬く絞って（水分やや控えめ）、一回目より速く進む。
・三回目は硬く絞ってスピーディーに拭き上げる。
・ツヤのある素材はマイクロファイバークロスでからぶきをする。

拭くときには、脇の下に卵が3個入るぐらい空けます。ヒジで引きながら肩越しの「上から目線」でゆったりと。美しい日本の所作を体感してみてください。

どんな場所もどんな汚れも、ネットで本格的なやり方を調べる前にとりあえず「拭き掃除」。ガスレンジも、調理台も、窓も、洗面台も、ドアも、壁も、床も…。特に、リビングやトイレ、洗面所の白い壁は意外に汚れていて、サッと拭くだけでもとても明るくキレイになります。

手強い汚れは5つの楽ちんキーワードで挑む

「できたこと」にフォーカスする

衝撃の事実をお伝えします。

忙しいあなたの掃除は、「結果にコミットしない」ことが最重要課題。

いままで、こう考えて悩んでいませんでしたか。

「どうやったら汚れが全部落ちる？」「これは正しい方法か？」「いますぐ落ちる方法はないか？」

ネットで検索して、本を読んで、高い洗剤を買って一生懸命なのに、あまりうまくいかない…。

実は、これはもともと無理なことなのです。

その理由はちゃんとあります。

「洗剤の種類が多くて、選べない」「汚れが複雑で手に負えない」「家が広過ぎる」「届かない、組立てが難しいなど構造が複雑」「実はプロがやっても本当に落ちない」など、解決不可能なもの。

だから、これからは「結果にコミットしない」です。

「そ」で始まる5つの合い言葉

水回りのガンコな汚れは、どんな汚れでも手順はこれだけ。
①水でぬらす（できればお湯で）　②しばらく置く（5分〜ひと晩）　③軽くこする
④拭き取る　⑤からぶきする
「汚れを見極める」必要はありません。作戦はこれだけ、とにかく進むだけです。

心が軽くなる5つの「マジックワード」（合い言葉）を紹介しましょう。

「そのうち」①〜⑤を繰り返すと、本当に汚れは落ちていくもの。もちろん少しずつですが…。

「そこそこ」全部ではないですが、これだけで意外なほど落ちるのです。

「それなり」プロにはプロなりの技術があります。普通の人はそれなりに、で十分。

「そろそろ」何度かやっていると、汚れが少しずつ小さくなって「後もう少しかな」

「それは無理」実は、プロもよく使う言葉です。風呂の鏡の白い水アカ、目地に浸透したカビ、壁クロスの日焼け、蛇口まわりの水アカ、便器の内側の黄ばみや黒ずみなど。

プロは厳密に「不可能」のラインを見きわめますが、あなたのラインは「手に付くか付かないか」です。手に付かないガンコな汚れはさっさと圏外にするか、プロにアウトソーシングです。

自分を励まして応援する

「できないこと」を気にして数えていたら、落ち込むだけです。人生に対しても前向きになれません。忙しい中、できた自分に感動の拍手。自分を責めるのではなく、励まして応援してあげる。「できたこと」の数を数えて、楽しくいきましょう!!

あなたの観葉植物「赤字」になっていませんか

見落としがちなモノにかかるコスト

あなたのお部屋には素敵な観葉植物があるかもしれません。さて、その子たち、お元気ですか。あなたの観葉植物が生きていくためには、さまざまな「コスト」(支出)がかかっています。

車のガソリン代や駐車場代のように明確なものではありませんが。購入代金のほかに、手入れにかかる手間や費用、出張が続いたときに「枯れていないかな?」と心配する「気持ち」、捨てる時の手間もコストのうちです。

では、それに対して「収入」も見てみましょう。つまり、この子たちはあなたにどれだけのメリットを与えてくれているでしょうか。

いつの間にか「収入」が目減りしている?

素敵なインテリア、心の安らぎ、空気がキレイに。新品のときは、確かにそうでした。

でも、「今の」この子たち、どうなっていますか。

葉の先、枯れていませんか？　葉の上にホコリが積もっていませんか？　水受けのお皿が湿って、ニオイの原因になっていませんか？　白い鉢の表面に、土のハネなどが目立っていませんか？　鉢をどかすと、下のフローリングが湿気で傷んでいませんか？　所帯じみて薄汚くなった観葉植物を見ると、疲れませんか？　ベランダで洗濯物を干すたびに「ジャマだ」と思うことがありませんか？

など、いつの間にか「収入」が目減りしていないでしょうか？

特に会社や店舗の観葉植物は、近い距離で「お客様」の目に直接ふれることがあります。「杜撰」「がさつ」「いい加減」「すさんでいる」「だらしない」「不潔」など仕事の能力さえ勝手に割り引いて伝えてしまうこともあるので、要注意です。

収入 ー 支出 ＝ モノの価値

モノは、実は新品で置いたときからホコリをかぶり続けます。「拭く」「はたく」など、キレイにする手間（コスト）をかけなければ、すぐに赤字に転落です。この手間をかけられますか？　ホテルの観葉植物は、毎日丁寧に拭き上げているからこそ、高級なブランド力を発信しているのです。

忙しいあなたには、これからモノを「ほしい」と思ったときに立ち止まって考えてほしいことがあります。「可愛い」とか「素敵」とか「便利」よりも大切なこと。

「買った後もずっと自分で黒字をキープできるモノなのか？」

「赤字」のモノは損切り。思い切って手放したら、お部屋も心もスッキリすることでしょう。

決断力を磨く「モノ・ダイエット」

誰でも捨てることができる「30秒ゲーム」

なかなかモノが捨てられない、というあなた。「ゲーム」の反射感覚でやるのがコツ。「モノを大切に」と育てられたあなたの心が「捨てられない」と言うのは自然なことだからです。

ルールは3つ。「時間」(短く)、「場所」(小さく)、「数」(少なく)を決めます。

カウントダウンタイマーを用意して「今から30秒で、この引出しから1個捨てる」とスタート。「迷わず捨てる」を何度も繰り返すうちに、心も次第に「手放す」ことに慣れてきます。

「後で困らないか?」と心配ですね。大丈夫です。視界から消えたモノをいつまでも記憶している余裕は、あなたにはありません。それに、一瞬困っても、代わりの方法はいくらでもあるのです。

捨てようと思っても、ついためらってしまう人のための応援歌

・主語は「自分」に

モノを主語にすると、値段、思い出、まだ使えるなど、決心がにぶります。主語を「自分」にすると「私には似合わない」「私は、あまり好きじゃない」「私の家には置く場所がない」など、あまり心が痛むことがありません。

・捨てる基準をたくさんつくる
服を減らすときは「ここに入るだけ」「このブランドだけ」と数を制限。「クレーム対応のときに着ていた服。縁起でもない」と「感情」を理由にしてもいいですね。
・モノがなければ人とつながる
文房具を各自に支給するのではなく、「チームで何個」と決めてシェアする企業も増えています。一見不便のようですが、「この仕事は緊急だから先にいい?」「こんなことを考えてるのだけど…」とチーム内の会話が増えたという効果があるようです。

モノをふやさないための応援歌

・「入口」を絶つ
DMを開けない、チラシを見ない、商店街を避けて寂しい道から帰る、など。いまの広告は、途中で「要らない」と言えないようにプロが巧妙につくっています。途中で「NO」を言うのは心理的に難しく、買わなかったとしても「チャンスを逃した」という後悔がついてくることも。
・「定価」－「赤札」＝「利益」ではない
赤札を見たら何となくトクした気分になりますが、税理士曰く、「単に支出があっただけ」。バーゲンは、欲しいモノが決まっているときだけに。
・ワンストック&ワンユース

ペーパー類、化粧品、調味料などは「どうせ使うから安いときに」と買うと、増え続けます。最後の1個の封を切ったときに、携帯メモにリストアップ。メモにないものは、安くても買わないようにします。

あなたは、これから仕事で「決断」を迫られる機会も増えてくるでしょう。日々の「捨てる」ゲームは、将来の大きな決断のために、日々小さな自信を育ててくれます。

家を選ぶならランニングコストを考える

不潔になりやすいポイント

家を選ぶとき、忙しい女性には「掃除しやすさもランニングコスト」という視点が欠かせません。私が3000件掃除した中で、「掃除しにくくて不潔になりやすいポイント」を挙げてみました。

①洗面所やキッチンのレンジ台近くの扉のない棚

化粧品の液ダレや油ハネとホコリでベタベタになります。扉の中に収める形なら、ホコリをかぶらないし、扉だけ拭けばいいので楽です。

②レンジ台の壁がタイル

タイルは油ハネが目地にこびりつき、取りにくいです。継ぎ目のないパネルやステンレスなら、サッと拭くだけで済みます。

③食卓上部のペンダントライト

傘にホコリがたまりやすく、油がベタベタとガンコにこびりつきます。そのままではグラグラして拭きにくいため、いちいち取り外す手間がかかります。

④ブラインドカーテン

華奢なので、汚れをこすって落とそうとすると羽が折れたりヒモが切れたりしてお手上げ。キッチンは油、部屋はホコリ、風呂場はカビがこびりつき、美観を損ねます。

⑤便器の左右スペースに余裕がないトイレ

汚れやすい、左右スペースの奥の方を拭くときに細い棒を使うなど、無意味な手間がかかります。

⑥バスルームが折り戸になっている

凹凸部分がたくさんあり、汚れが複雑に絡むが取りにくいです。特にレール部分が取りにくく感じます。

⑦バスルーム床が、凹凸の多い石状

凹みの1つひとつに水アカがたまりやすく、取れなくなります。表面はなるべく平坦なものを。

⑧ドアのスリット状の通気口

通気の必要性はほとんどないのに、ホコリやカビが入り込みます。バスルームや洗面所など湿気の多いところでは、かえってニオイの原因になることも。

⑨特殊形状の窓

出窓、上下スライド窓、ハメ殺し窓、コーナーハメ殺し窓、吹き抜け上部の窓、天窓…。オシャレですがとにかく掃除しにくいです。

⑩ロフトがある

高い所はホコリが付きやすいです。狭いロフトならハンディ掃除機でもいいですが、2畳以上のロフトに掃除機を持って上がると、落下事故の経験があり、危険です。

⑪床に段差が多い

床に段差が多いと、ホコリがたまりやすくなります。その上、掃除機のヘッドが入りづらく、手間がかかってしまいます。自走式床掃除機もスムースに走ることができません。

入居後のポイント

①床にモノやカーペット、ラグを置かない。

②収納家具を買い足さない。既存の収納スペースに合わせてモノの数を調整する。

③ソファ、ベッドなどは脚の細い高床式家具を選ぶ（床から20㎝以上上がっているもの）。

④エアコンの下にベッド、ピアノなどを置かない（掃除の際にジャマになる）。

⑤オープンの棚にモノを置かない（ホコリがたまる）。

第8章　人生いろいろ「こんなとき、どうする？」

彼が「結婚しよう」となかなか言ってくれない

あなたならどうする

あなたは営業事務の仕事で勤続5年目。

同じ会社の4歳年上の彼と、3年半付き合っています。

週に二回は会い、友人にも紹介して一緒に出かけたりしているし、彼の実家にも行っています。

あなたは「結婚したいなぁ」と遠回しに言うのですが、いつもサラリとかわされてしまいます。

彼にはプロポーズする気配がなくて、誕生日も、期待しては過ぎていきます。

このままどうなるのか、不安でいっぱい。さあ、あなたはどうしますか?

①こちらから言ってみよう

「プロポーズは男性から」なんて、こだわっているのかな?

あなたが結婚したいと思うのなら、「結婚しない?」とストレートに言ってみましょうよ。

断られたらあきらめて次にいく。結果はどうあれ、白黒つけば前に進むことができます。

「彼の気持ちは?」なんてややこしく悩むのは時間のムダ。人に相談するのは、もっとダメ。

人生の主導権を自分で取ると、きっと目の前がパッと開けてくるはずです。

②　そんなのは放っておいて新しいことに挑戦する

「結婚したら、きっと自分は変われる」30年前の私は、そう思っていました。

でも、ご飯つくって洗濯して…その後に続くのは意外に単調な毎日でした。

自分を変えるのは「状況の変化」ではなく、「自分のステージを上げる」という決断。

私の場合は「ゼロ歳児を抱えて掃除屋に再就職」「自分で稼ぐこと」でした。

「不安でいっぱい」なのは「自分はこのままでいいのか」というあせりなのかもしれません。

「いまの自分には無理かも」というレベルの新しい仕事にチャレンジしてみませんか。

「一緒にいたら元気が出る」と感じたら、彼だって「ずっとあなたといたい」と思うはず。

③　「本当にこの人と結婚したいのか?」と心に問いかけてみる

彼が「結婚しよう」と言わないのは、あなたに「その気がない」と感じているからでは?

クリスマスイブを1人で過ごすのはイヤだから、彼氏は、いないよりいたほうがいい。

だから、実は彼の言動で気になっているけれど「見ないようにしている」ことがありませんか。

彼がお金を借りたのに返してくれないとか、気分がコロッと変わってキレやすいとか。

「3年半も付き合ったのだから」と「損切り」ができない心理状態かもしれません。

彼と一緒にいて「気持ちが沈む」ようなら、進むのは考えものです。

頼んだランチが出てこない

あなたならどうする

あなたはチームリーダー。忙しいプロジェクトの真っ最中で、ランチは毎日おにぎり2個。久しぶりにお気に入りの店でランチをしようと、思い切って出かけてきました。顔なじみのスタッフさんと、おしゃべりするのも楽しみだから。

ところが、何だか店の中がバタバタしていて、頼んだランチがなかなか出てきません。このままじゃ、せっかくの昼休みが終わってしまうじゃないの…。

さあ、どうしますか？

①怒って催促する

「ちょっと、いつまで待たせるの？　どうなってるのよッ」ついついやってしまいますが…。

おそらく何度も同じ言葉を浴びせられ続けているスタッフの気持ちはどうでしょうか。

「うるせぇな、わかってるよ」「オレのせいじゃないよ」とムカムカしていることでしょう。

あなたのひとことで余計に雰囲気が悪くなります。

②様子を見る

電車が遅れる、突如予期せぬ突風が吹くなど、世の中にはどうしようもないことがあります。

いちいち怒ったり落ち込んでいたりすると、実は自分自身も疲れます。

ここは、あきらめて「ランチが出てきたらラッキー」と、心穏やかに待つことにしましょう。

いよいよ間に合わなくなったら、静かに席を立つ。

「お、今日は思いがけずダイエット」と。

怒って捨てゼリフを残す人は、カッコいいでしょうか。

周りで何が起こっても、いつも自分の心を意識的にいい状態に保っておきたいですね。

今日のランチは、そのためのトレーニング。ラッキーでした!!

③目の前で頑張っているスタッフに励ましの声をかける

「なぜそんな状況になったのか?」を想像し、スタッフの気持ちを考えてみましょう。

パートさんが1人、突然休まなければならなくなった?

厨房機器が突然壊れ、修理を頼んだけれど当日対応はダメだと言われて真っ青…?

そんな中、「何とかしなきゃ」と頑張っているスタッフには、拍手と応援の言葉を贈りましょう。

あなたの「神対応」で、その場のギスギスした空気を変えてみませんか。

部下だけではなく、出会った人を育てることができるあなたは、きっと素敵なリーダーです。

「速い」が売りの牛丼店でスタッフが盛りつけの練習中!!

あなたならどうする

似たような状況ですが、今度は牛丼店にて。

あなたは昇進したばかりの主任。仕事に没頭していて、ようやく「あれっ、お腹すいてるのかな」と自覚したのは、午後2時半。とりあえず速くすまそうと、会社の近くの牛丼店に出かけていきました。

ところが、60代のおじさんが「研修中」の名札をつけて、たどたどしく盛りつけの練習中。若い店長も「違います。もう一度」とヒートアップ…。さあ、どうしますか？

①「まだですか？　早くしてください」と言う

忙しいあなたですから、「何で、今やるの？」と、言いたくなる気持ちはわかります。

でも、言ったあなたのテンションはおそらく下がってしまうことでしょう。

食事の後の仕事も、そのテンションでこなしますか？

たまたま目の前で起きていることに「正しい」裁きをしているようで、実は自分の日ごろのマイナス感情を「ここぞ」とばかりに吐き出しただけ、ということはありませんか？

②目の前のスタッフさんを応援する

「頑張っていますね～」「お上手ですね」とあたたかく声をかけてみましょう。

おじさんはホッとひと息。

ハッと気づいて、店長が「申し訳ございません」とあわてて持ってきてくれることでしょう。

お味噌汁ぐらいのオマケがつくかもしれませんね。

③目の前の状況から社会の今後を考える

日本では今後、人手不足がますます加速します。現実として、シニアも重要な働き手となります。

誰でも、最初は新人。失敗もします。若い人よりも覚えるのが遅く、慣れない仕事にチャレンジしているシニアを温かい目で見守り、その変化を楽しんではいかがでしょうか。

認知症の人がウェイターを務める「注文を間違える料理店」では、お客さんも優しい気持ちになるといいます。

「いつでもどこでも最高の完璧なサービス」は理想ではありますが「そうでなければダメ」と考えると、心がギスギスしてきます。

そういえば、人混みの中で、以前よりもスイスイ進めなくなったことに気づきませんか？

自動改札や銀行のＡＴＭ、券売機の前でも、まごついている高齢者がたくさんいます。

いちいちイライラしたり、険悪な声を出したりするよりも「共生社会」を先取り。

「大丈夫ですか?」と声をかけ、時間と心に余裕を持って、スマートにいきましょう。

やっと夜のジムの予約を入れたのに、時短勤務で帰った後輩の仕事を押し付けられた…

あなたならどうする

あなたは30代の一般職社員。

強烈に結婚したいわけでもなく、キャリアを極めたいわけでもなく…毎日が過ぎていきます。

最近ずっと残業続き、今夜は久しぶりにジムの予約を入れてリラックスしようと思っています。

ところが。

子育てで時短勤務中の後輩が「子どもが発熱」と突然帰宅。

「彼女の仕事を今日中に仕上げてくれ」と課長の指示が!!

さあ、どうしますか?

① ジムに行く

「今までに何度も引き受けてきたし、今回は自分の時間を大切にしたい」と思うこともありますね。

たまには強行突破。ジムに行っちゃいましょう。

ただし、「ジムに行く」という理由で周囲の理解が得られるか…という状況判断は必要です。

正面切って「私にも帰る権利がある」と啖呵を切るのは、正論であっても得策ではありません。

誰もが「仕方ないな」と納得する「子どもの発熱」クラスの理由を考えてみては？

②　残業を引き受ける

残業を引き受けましょう。ただし、「喜んで」と思えるのならば。

「やったことがない仕事だから視野が広がる」

「これをきっかけに、自分がやっている仕事の前後の流れが明確になる」など。

「私は子どもを持つことをあきらめたのに」

「なぜいつも課長は私にだけ彼女の仕事を振るの？」と不満を抱きながらも
「誰かがやらないわけにはいかないから」と優等生的な気分でいると、つらくなります。

③　本当は何が問題なのか

実は、26％もの人が「女性にだけ雑用を押し付けられている」と悩んでいるようです。

（20歳から59歳の女性２０００名を対象に行った「働く女性のホンネについての調査」）

「困っている後輩の力になれない私は心が狭い？」とあなただけが悩む必要があるのかな？

いつもあなたに振られるのなら、課長のマネジメントに問題がありそうです。

上司の指示がコロコロ変わって信用できない

あなたならどうする

あなたは入社2年目。上司である先輩（主任）の指示がコロコロ変わるのが悩みです。せっかくまとめた企画案が全部ボツになってがっかりしたり、大量にコピーした資料が「やり直し」のひと言でムダになってしまうことも。

「今度は何を言われるか」とヒヤヒヤで、仕事にも情熱が持てません。

こんな上司と、どうやって付き合っていきますか？

① 黙って指示に従う

どんな組織にも、入社2年目の社員には見えない、仕事の進め方の不条理があります。

指示をコロコロ変える「犯人」は、おそらく課長、部長、担当役員など、さらに上位の人々…。

「オレのせいじゃない」と思うから、主任もあなたには謝ることができないのです。

上司は、実はあなたが想像できないくらいたくさんのファクターを調整しているものです。

社内のねじれだけではなく、「お客様の意向」という場合は、即日前言撤回、問答無用。

ビジネスの状況はめまぐるしく変化しますから、それに対応するのは当然のこと。

そんなことでいちいち心を乱されていてはダメですよ。

②　カゲ口は言わない

絶対にやってはいけないのが、カゲ口を言うこと。

カゲ口はマイナスエネルギーの筆頭で、信頼関係を急速に弱体化させます。

あなたにとっては「自分は悪くない」と誰かに伝えたいという小さな見栄であったとしても。

ついカゲ口を言ってしまうと、あなたの回りにはカゲ口を言う人が集まってきてしまいます。

③理由を聞いて打開策を一緒に考える

実は、23％もの人が「上司の指示が矛盾している」と悩んでいるようです。

（20歳から59歳の女性２０００名を対象に行った「働く女性のホンネについての調査」）

資料がボツなど、実際のムダが出たときは、指示が変わった理由を聞いてみてもいいでしょう。

現場での損害を「30分かけてコピー３００枚」など具体的に知らせて共有します。

「文句を言う」のではありません。

「より良くするために」。

「ぜひ一緒に改善していきたい」と信頼を伝え、上司の共感を得るのがポイントです。

いろいろな仕事が重なってパニックに‼

あなたならどうする

あなたは、その部署に5年いて「仕事ができる人」と評価されるようになりました。頼られるのはうれしいけれど、「よくわかっているよね」と言われて雑務を頼まれることも多い。今年替わったばかりの課長も、毎日「これ、今日中に」と振ってきます。いろいろな仕事が重なって、本来の仕事がまったく進みません。

「明日の朝までに」という仕事が2つも重なって、今夜は帰れないかも。

「自分でやったらどうだ？」「私を便利に使わないでっ‼」とぶち切れる寸前…。

①「やることがない毎日」を想像してみる

専業主婦でいたとき、不思議なことに生理痛をとてもひどく感じました。家事以外にやることがないと、「誰も私を必要としていない…」などと考えてへこんだものです。

今、シルバー人材センターの掃除研修をやっていますが、シニアがイキイキ健康でいるためには行くところ、やるべきことがあることがいかに大切か、とみなさん口々におっしゃいます。

あなたは頼りにされて、やるべきことがちゃんとある。すばらしいことだと思いませんか？

②状況を説明する

とはいえ、「現状に何か問題はないか」と考えてみましょう。

上司である課長は、課全体の仕事の配分や情報の共有という視点を持っているでしょうか？

そこが欠けていると、あなたの遅れが直ちに顧客へのパフォーマンスの低下につながります。

皆が別々にあなたに仕事を頼み、すぐやってくれるものと期待していたら大変です!!

「投げ出す」「ぶち切れる」ということではなく、あなたは、自分の状況を説明するべきです。

「物理的に無理」とわかったら、早めに手助けを頼みましょう。

③「いい子」でいるのをやめる

実は、「仕事を頼みやすい人」には、いろいろな意味があるのです。

いい面から見ると、信頼できる人、アテにできる人、能力がある人。

でも、もう少しずるい、嫌らしい面もあります。

断りそうもない人。不安そうにオドオドしている人。嫌われることを恐れている人。

そして、与えられたことをやるだけで、自分で仕事を創り出す意欲が感じられない人。

もしそうなら、あなたはずっと便利に使われ続けます。「ご機嫌」な人になってお断りを!!

子どもに添い寝してウトウトしていたら夫が帰ってきた

あなたならどうする

あなたは働くお母さん。

保育園から帰った後は、ご飯をつくって食べさせて、お風呂に入れて、と目が回る忙しさ。

子どもに絵本を読んで寝かしつけていたら、つい一緒にウトウト…。

「ガチャ」あ、夫が帰ってきたみたい。

背中をトントンされて「おい、飯は?」と言っている声がゆらゆら聞こえます。

「あ〜、起きなきゃ」と思うのに、疲れて果ててどうしても身体が動きません。

さあ、あなたはどうしますか?

①パッと飛び起きる

多くの人が「あっ、いけない」と条件反射的に飛び起きてしまう、と言います。

その後、眠い目をこすりながらご飯をあたためたり、台所を片づけたり。

夫はゆっくりお風呂で鼻歌を歌っている…。

よくある光景ですが、そのときのあなたの気持ちはどうでしょうか。

「ご飯ぐらい自分で温めたらいいじゃない」「なんで起こすの？」と、ブツブツ。

仕事はきちんとしながらも、小さな不満がたまって、眉間にシワが寄っていきます。

それに、寝落ちは、「寝たほうがいいよ」という身体からの大切なサイン。

若いからといって安心してないで、たまには身体の声を聞いてあげてくださいね。

②寝たふりを続ける

これ、実は私のターニングポイント（笑）です。子どもは2歳。

「おい、洗濯物を干したままだぞ」と言う夫の声が聞こえます。

我慢、がまん。私は、じーっと「死んだふり」をしていました。

夫はしばらくトントンを続けていましたが、やがて「ちぇ」と言って去っていきます。

「ん？　どうしたのかな」と薄目で見ていると、彼はゴソゴソ…。

あらら、何と、洗濯物を取り入れて上手にたたんでいます。

しかも、食べた後の食器も水音を立てないように洗っているではないですか!!

「なんだ、できるんだ」と思った瞬間でした。

私がやるから、彼はやらない。私がやらなければ、彼はやる。

彼がパジャマに着替えたころを見計らって「あら、ごめんなさいっ」と起き出しました。

持ち帰っていた仕事は、片づけなければならなかったので（笑）。

育休から復帰したら、希望しない部署に回されて…

そんな配慮はいらない？

あなたは育児休業を7か月で切り上げ、復帰を目前にしています。

上司との面談で、元通りの開発ではなく、顧客のデータ整理を担当しないかと言われました。

確かにあなたも夫も実家が遠く、両親に子育てを助けてもらうことは期待できません。

でも子どもは丈夫だし、ベビーシッターの会社にも優先登録を済ませて態勢を整えています。

いままで数々の成果を挙げてきたし、復帰してからもやる気満々なのに。

独身の同期はバリバリやっているのに「子どもを産んだら二軍か？」と悔しさが募ります。

さて、あなたはどうしますか？

①「私は元の仕事ができます」ということを伝える

個別の事情を考えず、「子育て」＝「負担を軽くする配慮」と簡単に考える男性はまだまだ多いです。

「女性は大変だろう」「守ってあげたい」という構図。

「優しさ」とは少し違います。

あなたがしっかりと準備し、できる態勢にあることを具体的に話してみましょう。

②新しい部署で新たなキャリアアップの道を発見する

「上司がなぜそう言うのか」を考えてみましょう。

子育て中は、やはり突然休む確率が高いもの。子どもは1歳から病気をし始めますから。

ただ、次のような理由で、突然休むことが「リスク」になる職場があります。

・小さな遅れで全体のスケジュールが大きく狂い、維持コストがかさむ

・１人ひとりの分担の比重が大きく、特定の日に休むことに社外関係者の理解が得られない

あなたの上司には、そんな事情が見えているのかもしれません。

キャリアややりがいは、たった一本道とは限りません。

「いままでの仕事」だけにこだわらず、新しい部署で自分に何ができるかを前向きに考えるなら、それはあなたにとって新たなチャンスとなるかもしれません。

③会社を辞める

やりたい仕事が明確でも、それができないのなら「会社を辞める」という選択もあるでしょう。

ただし、「勢い」はダメ。

できればヘッドハントで次の就職を必ず決めてから。

０歳児を抱えて転職活動ができるくらい「ご機嫌」なら、次の仕事もきっとうまくいきます。

疲れ果てて帰ってきたら夫がテレビを見ていてカチン‼

何でそうなるの？

あなたは働くお母さん。

ギリギリで走って子どもを保育園に迎えに行き、手を引いて夕食の買い物をして、突然降ってきた雨に濡れながらやっとの思いで家に帰ってきました。

何と、そこには「今日、直帰だったから」と言う夫が、寝転がってテレビを見ている‼

ベランダの洗濯物はビショビショ、部屋は散らかり放題なのに…。

さあ、あなたはどうしますか？

①怒鳴りつける

「ちょっと、何やってんのよっ‼　片づけてよっ‼」

「洗濯物だって濡れてるじゃないっ、いつもそうなんだから」

わかります、わかります。言いたくなりますよね。

でも、その後どうなるでしょうか…。

きっと大喧嘩。夫だって黙ってはいません。

「お前こそ、ちゃんと母親やれよ」とか。

あなたは、さらにグッタリ疲れ果ててしまいます…。

②にっこり笑う

目をつぶって、すうっと深呼吸して、こう言ってみましょう。

「あら、あなたもいま帰ってきたばかり？　今日もお疲れさま～」

「お腹ペコペコだよね。とりあえず一緒にお総菜でも食べようか」

きっと夫もゴソゴソと手伝ったりするかもしれません、私の経験ですけれど。

怒りを飲み込んだあなたが我慢続きでストレスをためないよう、次の方法もお教えしましょう。

③仮病大作戦

「ごめん、ちょっとお腹が痛い…」とベッドに直行。

さて、夫はどうするでしょうか。

「飯、どうするんだよ」とあなたをしつこく起こしに来るかもしれません。

買ってきた食材を無視して、子どもとインスタントラーメンをすするかもしれません。

でも、そこでガバッと起き出さないで、見ないふり。たまにはいいじゃないですか。

あなたにも「家事を手放す覚悟」が必要なのです。

子どもの運動会の日に休日出勤を頼まれた!!

まさかの休日出勤要請

あなたは、子どもが小学生になったので近所のクリーニング店に再就職。短時間のパート勤務ながら、工夫をほめられることもあって、仕事が楽しくなってきました。夫は土日出勤が多い仕事なので「子育て中は土・日は絶対に休みたい」と店長に言っています。子どもの運動会の二日前、店長から「土曜日だけど出勤してくれないか」と言われました。夫も前々から休みを取り、夫の両親も田舎から出てくるのに…。

さあ、あなたはどうしますか?

①もちろん断る

土曜日のシフトの人が急病か、突然辞めたのか。

自分はどうしても外せない仕事があって店に出られない店長は、きっと頭を抱えていることでしょう。

あなたが渋々でも引き受けてくれたら、という気持ちはわからないでもありません。

でも、あなたは最初から、自分が働ける範囲を会社に伝えています。

やむを得ない事情であったとしても、あなたが責任を感じる必要はありません。

ただし、「お役に立たなくて申し訳ありません」と店長の立場を思いやる言葉を添えて。

②自分でつくった「限界」を超える

一方で、あなた自身のキャリアアップを考えると「出る」という選択肢もあるのです。

夫も、夫の両親もいるのですから、「保護者」としてのあなたは、その日はいなくても大丈夫。

仕事面で土曜日は顧客の混み具合や、仕事の内容まで平日とは変わってくるかもしれません。

それを体験し、仕事でステップアップするチャンスだと言えないでしょうか。

そして、もう1つ。「土日は休みたい」というのは、本当にあなた自身の心からの希望ですか。

波風が立たないように、あなたが夫に「忖度」してつくった限界ではないですか。

③子育てから少しずつ手を引くチャンス

思い切って夫に「店長がどうしても出てくれって言うから、出るね」と言ってみましょう。

あなたが家にいると安心しているから、夫は土日に出勤している。

あなたが家にいないとなると、夫だってこれからは土日の出勤を調整せざるを得ません。

「手伝ってくれない」なんて言ってないで実力行使、あなた自身が変わっていくチャンスです。

ただしこの場合、夫や両親から一時的には非難囂々浴びることは覚悟のうえで。

おわりに

いかがでしたか？

今朝の目覚めは「無意識」でしたが、明日の朝は「ご機嫌で目覚める」と決めましたね。

これからあなたが生きていくのは、ものすごいスピードで驚くような変化が起こる時代です。人の心にもさまざまな葛藤が起き、予期せぬことで傷つくこともたくさんあるでしょう。

「進化」という名の下に、悩みも迷いも、決してなくなることなく次々と生まれてきます。

決して後戻りのできない時代。悩みや迷いは、なかったことにはできません。

でも、それらを抱えたまま「前に向かって進む」ことで、必ず少しずつ解決していくはず。

あなたがあきらめなければ、あなたには人生を変える無限の可能性があります。

ピンチで落ち込む人ではなく、「ピンチはチャンス！」と思える人に。

「何か」を手に入れようともがく人ではなく、「自分」を生きる人に。

自分を否定して我慢する人生ではなく、自分を励まして応援する人生に。

もちろん「そんなの、私には無理」「まだ早い」と、そのままでいることもできます。

でも、忘れないでください。

あなたが輝くことを自分に許さなければ、側にいるたった1人の人さえも輝かせることはできないのだということを。

あなたなら、きっと大丈夫。絶対にできます。
本書を読んでくださったのは、あなたの心に「情熱」がある何よりの証だから。
心から応援しています。

平成29年師走

響城　れい

著者略歴

響城　れい（ひびき　れい）

株式会社ダブルビーイング代表取締役社長。

一般社団法人日本シェアハウス協会理事。

ワーク＆ライフイノベーター。コミュニケーションコンサルタント。

セクハラ対策センター顧問。

神戸大学卒業。兵庫県芦屋市出身。

ハウスクリーニング運営20年、3,000件以上を施術。「人生を変える掃除講師」として全国の160以上のシルバー人材センターの会員研修を担当。研修実績は警視庁、県警本部、東京ガス、三菱地所、越前信用金庫など。地域密着型家事代行サービス「ワークス」を東京、千歳、仙台、唐津で監修。中国の介護会社「慈愛嘉養老服務」で「日本のおもてなし」研修講師。定年退職前の男性社員を対象に、家庭に居場所を作るための「家庭掃除・収納士資格認定講座」をスタートさせた。

著書に「結局、最後はコミュニケーションでございます」「社長、業績を上げたいなら女性社員を辞めさせないで」など多数。公式サイト http://hibikirei.com

20歳からはじめる女性の「幸せキャリア」のつくり方

2018年1月18日　初版発行

著　者　響城　れい　©Rei Hibiki

発行人　森　　忠順

発行所　株式会社 セルバ出版
〒113-0034
東京都文京区湯島1丁目12番6号 高関ビル5B
☎03（5812）1178　　FAX 03（5812）1188
http://www.seluba.co.jp/

発　売　株式会社 創英社／三省堂書店
〒101-0051
東京都千代田区神田神保町1丁目1番地
☎03（3291）2295　　FAX 03（3292）7687

印刷・製本　モリモト印刷株式会社

Printed in JAPAN
ISBN978-4-86367-390-8